思想的・睿智的・獨見的

經典名著文庫

學術評議

丘為君　吳惠林　宋鎮照　林玉体　邱燮友
洪漢鼎　孫效智　秦夢群　高明士　高宣揚
張光宇　張炳陽　陳秀蓉　陳思賢　陳清秀
陳鼓應　曾永義　黃光國　黃光雄　黃昆輝
黃政傑　楊維哲　葉海煙　葉國良　廖達琪
劉滄龍　黎建球　盧美貴　薛化元　謝宗林
簡成熙　顏厥安（以姓氏筆畫排序）

策劃　楊榮川

五南圖書出版公司 印行

經典名著文庫

學術評議者簡介（依姓氏筆畫排序）

- 丘為君　美國俄亥俄州立大學歷史研究所博士
- 吳惠林　美國芝加哥大學經濟系訪問研究、臺灣大學經濟系博士
- 宋鎮照　美國佛羅里達大學社會學博士
- 林玉体　美國愛荷華大學哲學博士
- 邱燮友　國立臺灣師範大學國文研究所文學碩士
- 洪漢鼎　德國杜塞爾多夫大學榮譽博士
- 孫效智　德國慕尼黑哲學院哲學博士
- 秦夢群　美國麥迪遜威斯康辛大學博士
- 高明士　日本東京大學歷史學博士
- 高宣揚　巴黎第一大學哲學系博士
- 張光宇　美國加州大學柏克萊校區語言學博士
- 張炳陽　國立臺灣大學哲學研究所博士
- 陳秀蓉　國立臺灣大學理學院心理學研究所臨床心理學組博士
- 陳思賢　美國約翰霍普金斯大學政治學博士
- 陳清秀　美國喬治城大學訪問研究、臺灣大學法學博士
- 陳鼓應　國立臺灣大學哲學研究所
- 曾永義　國家文學博士、中央研究院院士
- 黃光國　美國夏威夷大學社會心理學博士
- 黃光雄　國家教育學博士
- 黃昆輝　美國北科羅拉多州立大學博士
- 黃政傑　美國麥迪遜威斯康辛大學博士
- 楊維哲　美國普林斯頓大學數學博士
- 葉海煙　私立輔仁大學哲學研究所博士
- 葉國良　國立臺灣大學中文所博士
- 廖達琪　美國密西根大學政治學博士
- 劉滄龍　德國柏林洪堡大學哲學博士
- 黎建球　私立輔仁大學哲學研究所博士
- 盧美貴　國立臺灣師範大學教育學博士
- 薛化元　國立臺灣大學歷史學系博士
- 謝宗林　美國聖路易華盛頓大學經濟研究所博士候選人
- 簡成熙　國立高雄師範大學教育研究所博士
- 顏厥安　德國慕尼黑大學法學博士

經典名著文庫135

君主論
The Prince

(義)尼科洛・馬基維利 著
(Niccolò Machiavelli)
閻克文 譯

經典永恆・名著常在

五十週年的獻禮・「經典名著文庫」出版緣起

總策劃 楊榮川

閱讀好書就像與過去幾世紀的諸多傑出人物交談一樣——笛卡兒

五南，五十年了。半個世紀，人生旅程的一大半，我們走過來了。不敢說有多大成就，至少沒有凋零。

五南忝為學術出版的一員，在大專教材、學術專著、知識讀本出版已逾壹萬參仟種之後，面對著當今圖書界媚俗的追逐、淺碟化的內容以及碎片化的資訊圖景當中，我們思索著：邁向百年的未來歷程裡，我們能為知識界、文化學術界做些什麼？在速食文化的生態下，有什麼值得讓人雋永品味的？

歷代經典・當今名著，經過時間的洗禮，千錘百鍊，流傳至今，光芒耀人；不僅使我們能領悟前人的智慧，同時也增深加廣我們思考的深度與視野。十九世紀唯意志論開創者叔本華，在其〈論閱讀和書籍〉文中指出：「對任何時代所謂的暢銷書要持謹慎的態度。」他覺得讀書應該精挑細選，把時間用來閱讀那些「古今中外的偉大人物的著作」，閱讀那些「站在人類之巔的著作及享受不朽聲譽的人們的作品」。閱讀就要「讀原著」，是他的體悟。他甚至認爲，閱讀經典原著，勝過於親炙教誨。他說：

> 「一個人的著作是這個人的思想菁華。所以，儘管一個人具有偉大的思想能力，但閱讀這個人的著作總會比與這個人的交往獲得更多的內容。就最重要的方面而言，閱讀這些著作的確可以取代，甚至遠遠超過與這個人的近身交往。」

爲什麼？原因正在於這些著作正是他思想的完整呈現，是他所有的思考、研究和學習的結果；而與這個人的交往卻是片斷的、支離的、隨機的。何況，想與之交談，如今時空，只能徒呼負負，空留神往而已。

三十歲就當芝加哥大學校長、四十六歲榮任名譽校長的赫欽斯（Robert M. Hutchins, 1899-1977），是力倡人文教育的大師。「教育要教眞理」，是其名言，強調「經典就是人文教育最佳的方式」。他認爲：

「西方學術思想傳遞下來的永恆學識，即那些不因時代變遷而有所減損其價值的古代經典及現代名著，乃是眞正的文化菁華所在。」

這些經典在一定程度上代表西方文明發展的軌跡，故而他爲大學擬訂了從柏拉圖的《理想國》，以至愛因斯坦的《相對論》，構成著名的「大學百本經典名著課程」。成爲大學通識教育課程的典範。

歷代經典・當今名著，超越了時空，價值永恆。五南跟業界一樣，過去已偶有引進，但都未系統化的完整舖陳。我們決心投入巨資，有計劃的系統梳選，成立「經典名著文庫」，希望收入古今中外思想性的、充滿睿智與獨見的經典、名著，包括：

- 歷經千百年的時間洗禮，依然耀明的著作。遠溯二千三百年前，亞里斯多德的《尼各馬科倫理學》、柏拉圖的《理想國》，還有奧古斯丁的《懺悔錄》。
- 聲震寰宇、澤流遐裔的著作。西方哲學不用說，東方哲學中，我國的孔孟、老莊哲學，古印度毗耶娑（Vyāsa）的《薄伽梵歌》、日本鈴木大拙的《禪與心理分析》，都不缺漏。
- 成就一家之言，獨領風騷之名著。諸如伽森狄（Pierre Gassendi）與笛卡兒論戰的《對笛卡兒沉思錄的詰難》、達爾文（Darwin）的《物種起源》、米塞斯（Mises）的《人的行爲》，以至當今印度獲得諾貝爾經濟學獎阿馬蒂亞・森（Amartya Sen）的《貧困與饑荒》，及法國當代的哲學家及漢學家朱利安（François Jullien）的《功效論》。

梳選的書目已超過七百種，初期計劃首爲三百種。先從思想性的經典開始，漸次及於專業性的論著。「江山代有才人出，各領風騷數百年」，這是一項理想性的、永續性的巨大出版工程。不在意讀者的眾寡，只考慮它的學術價值，力求完整展現先哲思想的軌跡。雖然不符合商業經營模式的考量，但只要能爲知識界開啓一片智慧之窗，營造一座百花綻放的世界文明公園，任君遨遊、取菁吸蜜、嘉惠學子，於願足矣！

最後，要感謝學界的支持與熱心參與。擔任「學術評議」的專家，義務的提供建言；各書「導讀」的撰寫者，不計代價地導引讀者進入堂奧；而著譯者日以繼夜，伏案疾書，更是辛苦，感謝你們。也期待熱心文化傳承的智者參與耕耘，共同經營這座「世界文明公園」。如能得到廣大讀者的共鳴與滋潤，那麼經典永恆，名著常在。就不是夢想了！

二〇一七年八月一日 於

五南圖書出版公司

導讀
受委屈數百年的馬基維利

臺灣大學政治系教授　陳思賢

歐洲經過漫長的中世紀，到了十四世紀時逐漸出現各方面的大變化：東西方頻頻接觸、自由城市興起、商業逐漸繁榮、對陌生卻又常聽聞的古典文化也開始嚮往與追求。這些很大部分是歸因於十字軍東征所帶來的衝擊，而古典文化的復甦尤然，因爲許多古代希臘羅馬典籍——曾在基督教的禁絕下流失——經回教世界保存後回傳，讓歐洲知識界得以重拾千年前的文化傳統。許多人以學習古典文化與思想爲職志，一片崇古之風，也展開了義大利的文藝復興。

佛羅倫斯的馬基維利（Machiavelli, 1469-1527）就是這樣一個好古文人的代表。他出身於托斯卡尼與佛羅倫斯的貴冑家族，就學於任教羅羅倫斯大學的古典學大師 Marcello Adriani。佛羅倫斯一向是個人文薈萃之地，歷來多出文化藝術與思想名人，堪稱義大利半島的一顆閃亮珍珠，自然也是文藝復興的重鎭。

佛羅倫斯在十五世紀時有一個很特別的傳統，就是樂於任命古典學者出掌政務，擔任chancellor of state（類似總理）的工作。這樣的一個「學而優則仕」的作法其實始自於十四世紀末延聘著名古典學大師Coluccio Salutati理政開始。而十五世紀時，著名人文學者Leonardo Bruni、Bartholomeo Scala也接續出仕，但是到了麥第奇（Merdici）家族專政時，這個傳統自然被迫中斷了。然而一四九四與一四九八年佛羅倫斯人將麥第奇家族與獨裁者薩福拿羅拉（Savonarola）相繼趕下臺恢復共和後，古典學教授Marcello Adriani被任命為總理大臣（chancellor），他於是提拔優秀子弟馬基維利出任國務次卿（second chancellor），掌理外交事務，出使各國。馬基維利就在一四九八—一五一二的十四年間擔任此項工作，直至一五一二麥第奇家族復辟為止，這也是他一生實際從政的經歷。

馬基維利最著名的政治與歷史性著作包括了《君主論》、《羅馬史論》、《佛羅倫斯史》、《戰爭論》等。有人就認為這幾本書分別呈現了馬基維利的不同身分：《君主論》代表了他外交家生涯對政治運作的諸多刻骨銘心感想，《羅馬史論》代表了他作為人本主義政治哲學家致力於研究一個民族如何可以獲得「自由」的心得，而《佛羅倫斯史》當然就是他變身為描寫故鄉歷史的史家了。

但是《君主論》的撰寫係特別為了呈獻給佛羅倫斯的統治者——麥第奇家族的羅倫佐，這就讓此書的性質成為「資治建言」（advices to the prince）一類的文獻了。這類文獻在當時常見，乃是謀士獻「治國之策」、「治術」（statecraft）以求祿位之工具，馬基維利亦因此而被懷疑其風骨——畢竟他才剛從共和政府的官位下野，就企圖投向專制復辟的麥第奇之懷抱，必遭時人諷議為「干祿」之人。但他自己認為，此舉不是僅「希望博得君主寵幸」，而是想藉此書「內容豐富」與「主題嚴肅」幫助麥第奇「達到偉大地位」，以表明自身為其「忠實臣民」。若麥第奇能因此成為「明君」，義大利亦得幸。但《君主論》的內容多處與基督教義或世俗道德不合，被視為奸邪詐術之大成，「馬基維利主義」（Machiavellism）後世亦成為負面之詞。

約略言之，《君主論》所陳的「治國之策」或「治術」，又可分為如何「富國強兵」與如何「領導統御」兩大面向。《君主論》後世多所閱讀，其善惡優劣歷來固多有議論；富國強兵術乃與政治或國家建設相關，但是領導統御術則可廣為連結至我們生活上的各方面了。所以《君主論》不但是有關政治思想之著作，也是治理群體與經營人際關係的寶典。在分別介紹這兩個面向之前，我們可以先來看看馬基維利此書中所使用的一個基本概念。

如所周知，文藝復興是個回溯與發揚基督教出現之前「人本主義」（humanism）的運動，它宣揚讚美人類憑藉智慧與勇氣挑戰環境與打造自己命運的精神。「人定勝天」乃是這種人本主義的核心信念。自古以來，所有人都相信，人是否能獲致幸福的最不可測因素乃是命運，命運這個神祕變數主宰著人類追求幸福的機會。古典思想中主宰「命運」者，就是命運女神Fortuna；自古，大家都揣度命運女神的好惡而希望從她手中獲得諸如財富、權力與榮耀等賞賜，但是人本主義者卻不想乞求她的垂憐降福，反而是想要直接與她對抗——用男子漢的勇氣去挑戰與征服這個女神！征服她而不是乞求她，才會獲得她所掌管的財富、權力與榮耀這三個「寶物」。但是要對抗她，不可暴虎馮河，而是需要特別的「能力」，這種「能力」，馬基維利稱之爲virtù。所以，馬基維利在《君主論》中所教導的「治術」之各種內容，其實就是對抗命運女神的特別「能力」，也就是*virtù*。回到上述，我們就可知，馬基維利的論「治術」，實包含了「富國強兵」與「領導統御」兩方面的「能力」。我們現在可分述如下：

在「領導統御」方面，《君主論》大概是古今中外最爲出名的「教本」。他認爲好的統治者（或是領導者）首先要能鞏固自身權力，這是最起碼的第一步。「君位」與「權力」是人人覬覦的，每個統治者身邊都會有少數有野心的人，所以如何保住地位，是首要課題。君在明處，臣在暗處，國之名器閃閃發光，如此誘人。的確有少數臣民會想篡位，但多數可能只想分享些權力。一個明君的目標是不但能長保君位，還要注意他的整個權力不被臣下瓜分掉任何一點點。這就需要他在觀念上要「通達」，手段上要「彈性」。

所謂「通達」，就是個性上能屈能伸，善於隨機應變，可任意出入於善惡之間遊刃有餘。

一位君主，尤其是一位新生的君主，不可能身體力行所謂好人應做的所有事情：爲了保住他的地位，往往不得不悖逆誠實、悖逆仁慈、悖逆人道、悖逆信仰。因此，他必須做好精神準備，按照命運指示的方向和事態的變化而隨機應變。然而，一如前述，只要可能，他還是應當恪守正道，而一旦必須，他也知道如何爲非作歹。

而手段上有「彈性」，用最簡單的話來說，就是行事有時像「獅子」一般威猛，有時像「狐狸」一樣狡詐。如此讓人捉摸不定，剛柔並濟、可進可退，既可迂迴俯伏審度時勢，目標設定後又能以快狠準之勢去達成。

而要做一個稱職的統治者的第二步，是要能知人善任，明察賢愚、愼辨忠奸。馬基維利在論及選任大臣的篇章中開頭就警告：「對君主來說，選任大臣至爲緊要，他們是否賢能可以說明君主是否英明。」

人們在對統治者的頭腦進行評價時，第一件事便是觀察他的左右；如果這些人勝任其職並且忠心耿耿，君主即堪稱明達，因爲這說明他意識到了這些人的能力並使其忠誠不二。如果不是這樣，君主往往就會受到貶損之議，因爲他所物色的這些謀臣顯示出他已犯下了第一個錯誤。

至於如何識別好的大臣，馬基維利只提出最簡單的一個原則：這個人的一切行事究竟是「爲君謀」還是「爲己謀」？辨明忠奸賢愚後，就要賞罰分明，對於良臣，爲了使其常保賢能，「明君應當始終給予關懷，給他榮華富貴，使他感恩戴德，讓他分享榮譽、分擔職責。」

其次，君主特別應當「擯棄諂媚之徒」，馬基維利甚至以此作爲本書一個篇章的章名。他警告「來自阿諛之徒的危險，而這種人在朝中比比皆是。」但是需要注意的是，君主固然應極力避免自滿自欺、深深戒備阿諛之災，但是也不可陷於處處遭臣下批評議論之境，如此「反而會招來被人輕蔑的危險。」以上兩者都不好，明君應該採取第三種辦法：「選用一些有識之士，單獨給予他們實話實說的自由權，不過只限於他所要求知道的事情而不論其他。」但面對這些「君主的明鏡」，也就是「諫議之士」時，也要有技巧：「在他們的建議基礎上，按照自己的意志做出決定；而且應當使每個諫議之士都意識到，誰更加坦率直言，誰就更受賞識。」馬基維利非常重視君主與臣下間的互動模式，臣下只能協助君主建立起威勢與烘托出君主的英明，絕對不能分享權力或是挑戰君主的「明智」：

> 除了這些諫議之士，君主對他人的言論可以充耳不聞。決定了的事情就要照辦，君主的決定應當是不可改變的。假如不是這樣去作，他將要麼毀於諂言佞口，要麼毀於胸無定見，結果是爲人所不屑。

而明君的第三要務乃是要營造嚴峻之形象，建立統治之威勢，以期令出必行，萬民順服。馬基維利認爲：「令人畏懼總較令人愛戴爲佳。」他的理由很特別，第一就是通常我們冒犯或背叛所愛戴者的機會要大於冒犯或背叛所畏懼者。因爲前者維繫於恩義，而人隨時會爲了自身利益而忘恩負義；但是畏懼之心，卻會由於必定降臨的懲罰而持之有恆。君主應追求者爲「必然」，而非「可能」；恩義「可能」引發「愛戴」，然「嚴峻」必導致「畏懼」。第二則是因爲：君主是否會被愛戴取決於臣民的選擇，但是否被畏懼則取決於君主的選擇。愛戴之情出於臣民之自發，但是畏懼之心則由形勢自然決定；明君應當儘量求諸自身而不是求諸他人。

馬基維利又認爲，「如果不能贏得愛戴，也要避免受到憎恨；因爲，令人畏懼又不受憎恨是可以圓滿兼顧的，做到這一點並不難，只要不對公民或臣民的財產或妻女打主意就行了。」這實在是一個非常高明的統治技巧，而「畏懼」與「憎恨」之區隔，往昔少被人所指出：「畏懼」可以帶來長久之順服，「憎恨」則不然——它醞釀了反抗之火苗。

以上是馬基維利認爲統治者需具備的「領導統御」之「能力」。至於統治者如何可打造國家臻於「國富民強」的「能力」，就是《君主論》的另一個重點。簡單而言，馬基維利對此只強調一點：就是國家的安全是一切的基本，因此君主要注重國家武力的培養，君主有「軍務的責任」。以下他這段話道盡其中理由，大概是君主最重要的指南針：

> 一位明君，除了戰爭、戰法、戰備，不應再有其他的目標、其他的志趣，也不應以他業爲職，因爲這是身爲統帥者的唯一職業，其效用不僅能使那些生而爲君的人永保其位，而且使那些生爲平民的人能夠屢屢躍居王位。反之，一旦君主貪圖享樂、疏於軍務，則喪權之日不遠。亡國的主要原因就是輕忽這一職守，而得到一個國家的主要原因則是精於此道。

保持國家的安全乃至強大，以避免惡鄰侵害，對於古今中外任何向君主建言者都是不變的主題（甚至對今日的現代國家而言，也都是最重要的課題）。但是我們要知道，在近代以前，歐洲許多小國本身是沒有武力的。原因是要建立起一支「常備軍隊」（standing army）並不是一件容易的事：各階層百姓平夙專務百工各業，戮力營生，民生與經濟方得以維持，要找一批人不事生產、整日習武練兵，非屬易事。同時，這也花費浩大，往往不是一個小國之君可以負擔。

於是歐洲當時就流行了一種替代方案，叫做「雇傭軍」（mercenary）。通常這是由一名「傭兵領袖」（condotieri）帶領著他的子弟兵（這些人多半可能由無業好武之浪人或類似者所組成），形成一支軍隊，四處效力，只要給酬勞就可以受雇打仗。這等於是「花錢買安全」，好像是國防商業化一般。對某些小國君主而言，這固然是簡易可行的方法，但問題是這些傭兵，只問報酬，不問其他，因此容易被收買，隨時可以轉投他主。「忠誠」與「可靠」成爲雇傭軍最大的問題，他們「待價而沽」的本質造就了「見風轉舵」（ready to betray）的風格。許多小國君主吃過大虧，佛羅倫斯亦然。

馬基維利對此知之甚詳，因此在《君主論》中，用不少篇幅警告依賴雇傭軍的危險，並且提出對策。他的解方是什麼？他稱之爲 popolo armato（armed citizens），用中文來說，即是「全民皆兵」或是「寓兵於民」的意思。由於馬基維利本是優秀的古典學者，所以這個想法來自於仿效古羅馬的作法：老百姓要鍛鍊「武德」，平素爲良民，戰時爲良兵。這樣一來，國家有一支最「忠誠」的軍隊，他們絕對知道「爲何而戰」與「爲誰而戰」——還有什麼軍人比「保衛自己家園者」在戰場上更勇敢呢？

馬基維利認爲，「明君從不對軍事素養問題掉以輕心，而且平時的自律更勤於戰時。」例如，他平時應勤於狩獵。第一，是可鍛鍊強健身體；第二，可幫助他熟悉了解山川地形，有助戰場上之布局與指揮能力，所以「君主如果缺乏地理見識，他就缺乏身爲統帥所需具備的第一項素養」。明君也應常研究軍事史，了解過往戰役成敗得失之因，以爲己鑑。明君應該效法前賢，時時揣摩其舉動和英勇行爲，「就像亞歷山大大帝效法阿喀琉斯，凱撒效法亞歷山大，西庇阿效法居魯士。」這就是君主必須給自己的功課。好的君主不但要嚴厲要求臣下達成目標，也應時時充實自己，「訓練自己的頭腦，鍛鍊自己的體魄。」

以上兩端就是馬基維利對於君主「治術」的建言方向，在「領導統御」一事上鍛鍊個性與琢磨技巧，在「建立武力」一事上承擔起「軍務責任」。「富國強兵」應是任何君主不變的目標、唯一的目標。唯能達此目標，君主乃可「常保君位」；而君主「常保君位」，國家才容易「長治久安」。我們看到這樣的一個邏輯，其實蘊含了古代君主政治中的一個隱而不顯的智慧。也就是在勸諫君主如何滿足其個人永保權位之野心的同時，其實間接是在爲臣民的幸福鋪路；把「國泰民安」的期待巧妙地建立在君主個人的野心之上。歷來君主少有一心爲臣民之福祉謀劃者，但是透過建言「君主治術」這樣的一個表面理由，其實可爲國境之內的生民致福。這也許是馬基維利未明言的目的，因此說他著此書純爲「干祿」，也許未竟全貌。

本書對我們一般人也是大有助益。因爲所謂「領導統御」其實就是「人際關係心理學」，常是日常生活上能平順圓滿的重要因素。尤其對於企業的領導者與團體的管理者而言，他們所需的知識與對自身的要求其實與治國之君主本質相似，只不過目標稍異：前者是求取企業經營之利潤或是達成某個團體性目標，而後者則是單純地「富國強兵」。但是就「治理」一個群體而言，道理都是相通的。在上位者要善居其位、號令風行，其實是一種專門知識，但是在馬基維利之前沒有人想到過系統性與深入地處理這個主題，多半是隻字片語將經驗流傳給身邊的人。這樣的缺點一是「知其然不知其所以然」，二是學習者不見全貌。「治理」與「治術」在今日行政管理學或企業管理學上是專業的學問，但這種著重「統治效度」與「領導能力」的觀念，庶幾始自馬基維利數百年前的倡議。

《君主論》固然有某些挑戰當時流俗道德之觀念與言詞，頗令時人或後人驚懼，但是馬基維利發掘出「治理學」之重要性此一貢獻，卻不應被磨滅。他年少之際本是一個文藝復興時期古典人文學的崇拜者與研究者，最後卻以「馬基維利主義」此不堪入耳之名流傳後世，委實令人不勝唏噓。於今論之，也許只有他對於祖國佛羅倫斯的一片愛國初衷，或可稍事還他公道吧？

目錄

尼科洛·馬基維利致偉大的羅倫佐·德·梅第奇

希望博得君主寵幸者，通常都會奉獻自以爲最寶貴之物，或者看上去最能取悅於君主之物。因此，君主們常常會收到諸如駿馬、兵器、錦繡、寶石之類的禮品，以及與他們的偉大相襯的各種飾品。如今，我願向殿下提出某種證據，以表明我是您的忠實臣民。傾我所有，我認爲最可寶貴和最有價值的，莫過於我對偉大人物功績的認識了，它們得自我對當代事務的長期經驗和對古代歷史的不懈鑽研。長期以來，我始終非常用心思考和推敲在這方面的觀察所得，最近，我把它們結成了一冊小書，茲呈給殿下。竊以爲，這部著作尚不足以博您垂青，但我深信，仰您仁愛，您會接受它的，因爲，除了使您能夠在短時間內了解我多年來歷經艱險所認識和領悟到的東西之外，我再也拿不出更好的獻禮了。

在這部著作中，我沒有像許多作者裝扮他們的作品那樣不惜使用趾高氣揚的章句、誇張華麗的措辭或者俗不可耐的嫵媚、無關宏旨的修飾，因爲，我所希望的並不是去美化它，而只是想讓它由於內容豐富和主題嚴肅而受到歡迎。

我認爲，一個地位卑下之人卻敢於探討和指點君主的作爲，這不應當被視作僭妄，原因就像人們繪製地圖一樣，爲了考察山巒及高地的特徵，便應置身平原，爲了考察平原的特徵便應高踞山頂；同理，爲了充分地揭示人民的性質，觀察者必應是君主，而充分地認識君主之性質者，則必是人民中人。

因此，祈殿下諒察，接受我這份衷心奉獻的小小禮物，如果您認眞注意到它並讀它，您會從中看出我不同尋常的期望：願您達到命運之神和您自身能力使您有希望達到的偉大地位。同時，如果殿下能夠從您所處的巍巍極頂不時地眷注一下低地，您就會發覺，我是多麼無辜地不斷承受著命運之神那巨大而堅定的惡意折磨啊！

一、君主國的不同類型及其獲取方式

對人類行使權力的一切國家、一切領地，不是共和國就是君主國，古今皆然。君主國要麼是世襲的，要麼就是新生的。世襲君主國的君主，長期以來始終出自統治家族；而新生的君主國，或者是全新的，如弗朗切斯科．斯福爾扎①的米蘭；或者是被世襲君主國征服的附庸，如西班牙國王②治下的那不勒斯王國。這樣獲取的領土，或者曾習慣於君主之治，或者一向就是自由的國家；而獲取這樣的領土，不是依靠他人的軍力，就是依靠自己的軍力，否則就是由於命運或者

① 弗朗切斯科．斯福爾扎（一四〇一—一四六六），職業雇傭兵，曾在十五世紀義大利政治中具有決定性作用。十六歲從軍，一四三四年任佛羅倫斯雇傭兵隊長，一四五〇年迫使米蘭人將其擁立為米蘭公爵，統治米蘭十六年。馬基維利在本書及《佛羅倫斯史》等著作中一再以此人為例，說明雇傭軍有害無益。——譯注，下同

② 參見第15頁注⑮。

由於能力。③

③能力，原文為義大利文virtù，現代英語中的對應詞是「德行」（virtue），但在中世紀和文藝復興時期，這個詞只有十分微弱的、多數情況下甚至根本沒有倫理學的含義。由於馬基維利頻繁使用該詞，根據他在上下文中的用意，也為求中譯簡潔及閱讀方便，書中一律譯為「能力」，特此說明，祈讀者諒察。

二、世襲君主國

關於共和國的問題我將略而不談，因爲我在別處已有詳論。我想專注於君主國，按照上文所安排的順序，探討一下如何才能對這些君主國進行治理並使之保持不墜。

我認爲，已經習慣於君主家族治理的世襲制國家，保持個人統治的困難要比新生君主國小得多，君主只要不去妄改祖制，遇事順其自然，這就足矣。因此，這樣一位君主只要稍加小心，總能維持他的統治，除非他被某種異常強大的力量篡奪了權力，而即使他遭到篡奪，一旦奪權者遭到厄運的打擊，君主的權力仍會失而復得。

我們在義大利就能看到費拉拉公爵④這樣的範例，他在一四八四年擊退了威尼斯人的進犯，又在一五一〇年擊退了教皇尤利烏斯⑤的進犯，其原因無非是他

④ 教皇轄地費拉拉的統治者，此處指埃斯特家族，一三三二年被教皇承認為在費拉拉的代理人。

⑤ 教皇尤利烏斯（一四四三—一五一三），即尤利烏斯二世，一五〇三—一五一三年在位，武力收復了除費拉拉之外的全部領地，致力於政教合一，鼓勵藝術創作。

在那塊領地上的統治已經根深蒂固。和一個新生的統治者相比，世襲君主得罪人民的理由和必要性都比較少，因此必然會更受愛戴；如果他沒有因爲作惡多端而遭到憎恨，人民自然會心嚮往之，這是情理之中的事。而且，這種君權也會由於源遠流長而湮沒對激進變革及其原因的回憶，因爲一次變革總會留下某些催生下一次變革的引子。

三、混合型君主國

新生的君主國會出現種種困難。首先需要指出的是，這種君主國並不是全新的，而只是部分更新，因此，從整體上說來，它可以被稱爲混合型國家。那裡發生的變故主要產生於一個固有的難題，而這個難題在所有新生君主國裡都是顯而易見的：本來，人們樂於更換統治者，以圖改善自身的處境，這種願望促使他們拿起武器反抗他們的統治者，但事與願違，他們的處境更糟了，而這種局面是由另一種自然的、通常是必然的情況所致，即新君主帶來的軍隊常常會侵害他的新臣民，而且出於征服的需要，新君主也常常會給新臣民施以無數的壓制。因此，在你占有這個君主國之後，所有被你損害的人將統統變成你的敵人；你也留不住那些把你請進來的朋友們，因爲你不能遂其所願，同時，你還不能使用強硬手段對付他們，因爲你對他們欠了人情債。一個新君主即使擁有十分強大的軍隊，在進入一個新區時也應當爭取當地居民的好感。

正是出於這些原因，法王路易十二雖然迅速占領了米蘭，卻又迅速丟失了米蘭。第一次收復米蘭，只需洛多維科⑥的軍隊就夠了，因爲人民不能容忍路易的胡作非爲，雖然他們曾爲這位新君主打開過城門，但隨後卻發現自己原來的看法和期待的利益不過是一廂情願。

然而，事實上，一個新統治者如能將叛亂地區再度征服，他將再也不會輕易地喪失失地，因爲叛亂提供機會給他，使他能夠毫不猶豫地懲辦罪犯，清查可疑分子，並在最薄弱的地方加強戒備。因此，導致法王第一次喪失米蘭的不過是一個洛多維科公爵在邊境上揭竿而起，但要再次把法王從米蘭趕走，那就只有動員全世界去反對他，並須殲滅他的軍隊或將其逐出義大利，原因已如上述。不過，米蘭畢竟已兩次從他手裡被奪了回來。

法王第一次丟失米蘭的一般原因已經討論過了，現在來談談第二次的原因，看他能否設法不至於再度丟掉米蘭，以及別人如果處在他的地位能否棋高一著、鞏固征服的成果。那些被他征服後又合併過來的國家，也許屬於同一地區、使用

⑥ 洛多維科．斯福爾扎（一四五二—一五〇八），弗朗切斯科．斯福爾扎的次子，一四九四年被羅馬教皇封為米蘭公爵，一四九九年九月法軍進攻米蘭時逃亡德國，次年二月米蘭發生反法起義，洛多維科迅速復辟，不久又被法軍挫敗，瘐死獄中。

同一語言，也許兩者都不是。如果是，特別是它們如果沒有體驗過自由生活的話，保有這些國家就輕而易舉，征服者只需切斷它們君主的血統，就可以安如磐石；至於其他方面，只要尊重他們的傳統，不去改變他們的風習，人們會繼續若無其事地生活下去。這就是布列塔尼、勃艮第、加斯科涅和諾曼第的情形，它們早就屬於法蘭西了，儘管語言仍有差異，但風習相同，因而很容易和睦相處。征服了這些國家之後，統治者如果決意保持統治，就應確保做到兩點：一是要澈底消滅它們的舊君家族，二是不要改變它們的法律和稅賦。這樣做，就會在極短的時間內使它們與統治者的故國融爲一體。

但是，如果被征服的新國家有著不同的語言、風習和制度，麻煩就出現了，征服者必須有極好的運氣和極高的技巧才能維持統治。最好的、也是最有效的辦法之一，就是征服者親自駐紮在那些國家，這將使他的征服更持久、更穩固，土耳其人在希臘就是這麼做的。⑦假如土耳其國王沒有親臨希臘，無論他採取什麼辦法想保有那個國家，都將難以奏效。你只有駐在當地，才能明察秋毫並防患於

⑦ 指土耳其人在十五世紀對巴爾幹半島的征服。

未然，否則，等發生嚴重事態之後再去補救，那就難上加難了。而且，有你在，你的官吏就不會掠奪那個國家，你的臣民也會因爲能夠直接求助於君主而感到滿足。因此，那些願做良民的人們會更加愛戴你，別有所圖的人則會害怕你，想要進犯這個國家的人也將躊躇不前。總之，只要君主駐在那個國家，他就絕不可能輕易失守。

另一個良策就是向那個國家殖民，或者大量派駐重騎兵和步兵，君主須在兩者之間擇其一，以扼住它的一兩個要害之地。而殖民一事，君主無須過多耗資，只要很少費用支出甚至不用支出，就可以殖民駐屯。他所損害的，只是那些爲供給殖民者而被沒收了田舍的居民，他們在那個國家裡是無足輕重的，而且，這些受害的居民由於被驅散到各地，民不聊生，不可能爲害君主。

其餘的居民，一則由於沒有遭到損害而較易安撫，一則由於生怕落到被剝奪財產的境地而心懷恐懼，不敢有過。可以斷定，這樣的殖民並不費錢，而且比一支駐軍更忠誠、更少惹是生非。那些被損害的人，我已經說過，由於窮困潦倒和流離失所，不可能爲害統治者。

應當注意的是，要麼去善待人們，要麼就把他們消滅掉。因爲，受到輕微傷害的人還有報復能力，受到沉重傷害的人就無力報復了。所以，要想加害於人，就應做到不必擔心會遭其報復的程度。

新君主如果不向被征服地區殖民，而是派遣駐軍，那將耗資巨大，因為維持駐軍會窮盡那裡的全部收入，得不償失；而且，由於軍隊到處調動，將因為士兵們到處為非作歹而損害整個國家。對此，人人都會感到惱怒，結果將是人人都與君主為敵。他們雖然遭受壓迫，但卻仍然守著自己的老家，因而是能夠為害的敵人。所以，無論如何，用士兵控制那個地方並無益處，殖民才是可取之策。

一位君主所征服的地區如在語言、風習和制度上不同於本國，就應當在以下諸方面多加用心：使自己成為弱小鄰國的首領和保護者，設法削弱較強的鄰國，警惕某個同樣強大的外國人意外插足。常有這種情況：那些心懷不滿的本地人，出於勃勃野心或由於恐懼而把某個外國強人引了進來，就像很久以前埃托利亞人把羅馬人引入希臘一樣。實際上，羅馬人對每個地方的征服，都是那裡的當地人引誘過去的。事情往往是這樣：一個外國強人一旦侵入一個地區，該地處於弱勢的所有居民，都會由於猜忌比自己更強的鄰人而依附那位外國強人，因此入侵者只要尊重一下這些弱小勢力，把他們籠絡過來就沒有什麼困難，因為他們全都甘願與已經被他征服的國家融為一體；他需要當心的只是，不要讓他們坐大，這樣，依靠自己的力量，又有他們的幫助，就很容易鎮壓強硬勢力，從而成為該地區的完全主宰。如果新統治者在這個問題上措置失當，他會很快喪失已經得到的東西，即使他還占有那個地區，也會面臨無數困難和煩惱。

羅馬人在被他們征服的地區就很注意這些措置。他們派遣殖民，安撫弱國而又不使坐大，鎮壓強硬勢力，不給外國強人可乘之機。毫無疑問，希臘的情形就足以爲例：羅馬人與亞該亞人和埃托利亞人修好，從而挫敗了馬其頓王國，趕走了安條克，⑧但絕不允許亞該亞人或者埃托利亞人居功自大；同時，腓力⑨的苦苦相勸也未能誘使羅馬人成爲他的朋友，羅馬人還是打倒了他；安條克儘管還有勢力，但羅馬人卻沒讓他在那個地區保住一點地盤。在這些情況下，羅馬人不只有近憂，更有遠慮，在未雨綢繆方面眞可謂用盡心機。這正是明君所應有的作爲。預見在先，則能防微杜漸；一旦養癰成患，再去救治則爲時太晚。消耗熱病的情形就是這樣。醫生們說，此病初起時，是治療易而診斷難，隨著時光荏苒，

⑧ 即敘利亞國王安條克三世（西元前二四二—前一八七），西元前一九二年出兵希臘支援埃托利亞聯盟，前一九〇年被羅馬人擊敗。

⑨ 即馬其頓國王腓力五世（西元前二三八—前一七九），西元前二一四年與迦太基結盟反對羅馬及希臘各城邦，前一九七年被羅馬人擊敗。

初期未能診斷又不得治療的疾病，則變成了診斷易而治療難。國家事務亦復如此。只有察禍端於初起（唯小心謹愼才能做到），方可及時消弭；但如果失於覺察，以致發展到人人都能看出來的程度，那就無可挽回了。因此，羅馬人總是提早就看出麻煩所在，絕不爲避免戰爭而讓它們繼續發展下去，他們知道，戰爭不可避免，拖延時日只能讓他人得利。因此，他們搶先出手到希臘去打擊腓力和安條克，以免將來不得不在義大利與他們作戰。儘管當時羅馬人可以避免這兩場戰爭，但他們不想那麼做，他們絕不會喜歡我們這個時代的聰明人整天掛在嘴邊的口頭禪：「時間會帶來好處」，他們寧可依靠自己的活力和精明。的確，時間能把一切事物推向前進，但它帶來好處的時候也能帶來壞處，而帶來壞處的時候則能帶來好處。

現在回過頭來看看法國在上述諸方面都做了些什麼。我只想談談路易而不談查理，⑩因爲前者統治義大利的時間較長，他的活動更能說明問題。你會看到，他在一個與本國大不相同的地區保持統治的所作所爲，與他應當表現出來的作

---

⑩ 即路易十二（一四六二－一五一五）和查理八世（一四七〇－一四九八）。

爲，恰恰南轅北轍。

路易國王是被威尼斯人的野心引入義大利的，他們企圖透過他的干預而控制半個倫巴底。我不想非難法王作出的這個決定，因爲他想在義大利立足，但在這個地方又沒有盟友——查理國王實行過的政策使路易到處碰壁，於是他不得不接受所能夠得到的盟友。假如沒有其他措置失當之處，他的這個決定當能如願以償。

由於占領倫巴底，這位國王使法國再次贏得曾被查理喪失的威名：熱那亞投降了；佛羅倫斯成了他的朋友；曼圖亞⑪侯爵、費拉拉公爵、本蒂沃利、⑫弗利夫人，⑬以及法恩扎、佩薩羅、里米尼、卡梅里諾、皮翁比諾等地的領主，還有盧卡人、比薩人和錫耶納人，統統跑來阿諛逢迎、爭相趨附。到了這時，威尼斯

---

⑪ 義大利北部古城，現為倫巴底大區曼圖亞省省會。西元前二二〇年開始有羅馬人拓居，十一世紀時屬於托斯卡納侯爵，後加入倫巴底同盟，一三二八—一七〇七年為貢扎加家族統治，後曾相繼歸屬奧地利和法國，一八六六年加入義大利王國。

⑫ 義大利貴族世家，長期統治波隆那。

⑬ 指當時義大利北部古城弗利的女統治者。

人才發現自己的決定是多麼輕率：爲了獲得倫巴第的兩個城鎮，卻使這位法國國王成了義大利三分之二領土的主子。

如此看來，只要法王遵守前述規則，善待所有朋友，給他們安全保護，他要保持在義大利的統治，當不會有什麼困難。他們雖然爲數眾多，可是既弱小又膽怯，有的害怕教廷，有的害怕威尼斯人，因而總會樂意支持他；依靠他們的支持，他就能輕而易舉地對付任何仍然強大的勢力。但是，他進入米蘭之後卻反其道而行之，幫助教皇亞歷山大⑭占據了羅馬涅。他竟然沒有意識到，這項決策將會使他失去朋友和投靠他的人們，從而削弱自己的力量；同時，本來就擁有巨大影響的教權又獲得了如此非同小可的世俗權力，教廷的勢力卻大增。法王犯了頭一個錯誤之後，便不得不繼續錯下去，以至於爲了結束亞歷山大的野心，制止他成爲托斯卡納的統治者，而不得不親自跑到義大利去。

彷彿助長了教廷勢力和丟掉了朋友還嫌不夠，他又和西班牙國王⑮瓜分了他

---

⑭ 即亞歷山大六世（一四三一—一五〇三），西班牙籍教皇，一四九二—一五〇三年在位，荒淫無度，曾為葡萄牙和西班牙劃定勢力範圍分界線——「教皇子午線」。

⑮ 指斐迪南二世（一四五二—一五一六），西班牙統一的奠基者，大力推行擴張政策，身兼西西里

所垂涎的那不勒斯王國；本來，他是義大利的主宰，現在卻帶來一個同儕，於是，這個地方的野心家和對他心懷不滿的人就有了迴旋餘地；本來，他可以在這個王國安排一個稱臣納貢之王，但他卻把此人趕走而帶來另一個人——一個能夠把他趕走的人。

老實說，征服的欲望是很自然的人之常情，只要能做得到，總會受到頌揚而不是非難。不過，倘若力不能及卻又一意孤行，就會鑄成大錯而留下罵名。因此，那位法王如能依靠自己的力量進攻那不勒斯，他大可以那麼去做；如果沒有足夠的力量，他就不該去瓜分這個王國。如果爲了在義大利立足而夥同威尼斯人瓜分倫巴底還值得稱道，這又一次聲名狼藉的瓜分就沒有值得辯解的理由了。

到此爲止，路易已經犯下了五個錯誤：摧殘弱小勢力、助長了義大利本已強大的一股勢力、把一個外國強人引進這個國家、不去親自駐紮、也不派遣殖民。畢其一生，假如他沒有犯下第六個錯誤，即削弱威尼斯人的統治，上述五個錯誤還不至於對他產生危害。假如不去助長教廷的勢力，不把西班牙人引進義大利，

國王（一四六八—一五一六）、阿拉貢國王（一四七九—一五一六）、那不勒斯國王（一五〇四—一五一六，稱斐迪南三世）、卡斯蒂利亞王（一四七九—一五〇四，稱斐迪南五世）。

他就有理由也有必要降服威尼斯；既然他已經採取了先前採取的做法，他也絕不應該同意滅亡威尼斯。只要威尼斯還保持著足夠強大的力量，它是不會讓西班牙和教廷來覬覦倫巴底的；這有兩個原因：一則，威尼斯人除了自己去做倫巴底的主子之外，不可能讓別人來打這個主意；二則，西班牙人和教皇絕對不會從法國手中奪回倫巴底之後再把它送給威尼斯；而且，它們誰也不敢同時攻擊法國和威尼斯。有人可能會說，路易國王爲了避免戰爭而把羅馬涅讓給了教皇亞歷山大，把那不勒斯王國讓給了西班牙。根據前面說過的理由，我的看法是，絕不能爲了避免戰爭而容許養癰成患，因爲戰爭無法逃避，拖延時日則會陷自己於不利。還有人會說，這位國王答應幫助教皇擴張勢力是有交換條件的，即解除國王的婚姻關係和任命羅阿諾爲樞機主教。⑯對此，我將在後面論及君主的信義和他們應當如何守信時再來作答。

實際上，路易國王正是由於未能遵守那些攻城掠地之後還想保持不墜的人們

---

⑯ 路易十二為了與查理八世的遺孀、布列塔尼的安妮皇后結婚以攫取布列塔尼，請求教皇亞歷山大六世解除他與喬萬娜皇后的婚姻關係，並要求教皇同意將國王顧問羅阿諾由魯恩大主教升為樞機主教。相應地，路易十二則支援教皇攻取羅馬涅。

所應當遵守的規則，才喪失了倫巴底，因此並非不可思議，而應該說很正常，並且理所當然。關於這個問題，在瓦倫蒂諾（教皇亞歷山大之子，俗稱切薩雷・博爾賈）攻占羅馬涅之後，我曾在南特與羅阿諾談論過。羅阿諾樞機主教對我說，義大利人不懂戰爭；對此我答道，法國人不懂政治，因爲，只要他們還懂點政治，就不會讓教廷如此擴張勢力。經驗顯示，教廷在義大利和西班牙的擴張是法國國王促成的，而後者的敗亡則是前者促成的。由此可以得出一個絕不會出錯或者極少出錯的普遍規律：誰促成他人壯大，誰就會自取滅亡，因爲，他是用智謀或實力促成了他人的壯大，而壯大了的他人對這兩點都會感到坐立不安。

四、亞歷山大大帝死後，他所征服的大流士王國爲什麼沒有反叛其繼承人

考慮到控制一個新到手的國家所產生的困難，人們一定會對亞歷山大大帝的功績感到驚訝。他在短短幾年之內成爲亞洲的主宰，剛剛完成征服就匆匆謝世。這樣一來，發生全國性叛亂似在情理之中。然而，亞歷山大的繼承人卻保住了江山，除了他們自己的野心在他們自己中間引起了一些麻煩之外，並未遇到其他困難。

如何解釋這一現象呢？我認爲，有史以來的君主國，分別是以兩種不同方式進行統治的：一種是君主和一群臣僕的統治，後者是經君主恩准而作爲代理人去輔佐統治的；另一種則是君主和貴族們的統治，貴族的地位並非來自君主的恩賜，而是來自古老的血統，他們擁有自己的領地和臣民，這些臣民把貴族奉爲主子，對他們有著自然的愛戴。由君主及其臣僕統治的國家，則會認爲他們的君主更有權威，因爲在他的勢力範圍內，只有他才被認爲是至尊無上的，儘管人們也要服從某些別的人，但不過是將其視爲代理人或當官的，不會產生對他個人的愛戴。

在我們這個時代，有兩個例子可以說明這兩種不同的統治方式：土耳其皇帝和法蘭西國王。整個土耳其王國只有一位統治者進行統治，其他人都是他的臣僕。他把王國劃分爲若干州，向那裡派遣各種行政官員，並能隨心所欲地撤換和調動他們。但是，法蘭西國王卻置身於大批世襲貴族中間，這些貴族爲自己的臣民所公認和愛戴，擁有各自的既得權利，國王要想剝奪他們而又不必擔任何風險，這是不可能的。把這兩個國家比較一下就能看出，奪取土耳其皇帝的國家將會很困難，不過一旦征服了它，保持統治就會輕而易舉。相反，從某種程度上來說，占領法蘭西的領土可能比較容易，要想統治它將會難上加難。

土耳其皇帝的王國之所以難於征服，是因爲入侵者不可能得到王國貴族的引誘，也不可能指望皇帝周圍的人發動一場叛亂來提供可乘之機。前面說過，所有官員，由於都是依附於皇帝的奴才，因而很難把他們收買過來，即使收買過來，也不能指望從中得到多大好處，因爲他們不可能誘使人民跟他們走，理由已如前述。所以，要想進攻土耳其，必須依靠自己的力量而不是依靠別人的叛亂，因爲你將面對一個團結一致的國家。不過，一旦征服了土耳其皇帝，把他澈底擊敗以致不能重振旗鼓，那麼，除了君主家族之外就沒什麼可畏懼的了；然後再剷除這個家族，那就沒有任何人值得征服者擔心了，因爲其他人對人民毫無影響，而且征服者在取得勝利之前並未依靠他們的幫助，因此不必爲之擔心。

像法蘭西那樣立國的王國，情況恰好相反。在那裡，你總能找到不滿分子和盼望革命的人，只要把王國的某些貴族爭取過來，你就能很容易地進入其王國，出於上述原因，他們將爲你的入侵開路，並幫助你輕易獲勝。但是，如果你想繼續待在那裡，你就會面臨無數困難，而製造困難的正是那些曾經幫助過你的人和被你戰勝的人。僅僅剷除君主的家族還不夠，因爲貴族們繼續存在，他們會成爲新的叛亂領袖，而你既不能使他們心滿意足，又不能消滅他們，於是，一旦讓他們抓住機會，你就會丟掉那個國家。

現在來看，大流士政府的性質類似於土耳其王國，因此，亞歷山大大帝的首要之需就是澈底推翻大流士，奪取他的遼闊領土。出於上文討論過的原因，勝利之後，大流士死了，亞歷山大大帝牢牢掌握了這個國家。他的繼承人如果能夠團結一致的話，本來是可以安享其國的；只要他們自己不去惹起事端，王國就不會發生變亂。

但是，對於法蘭西那樣立國的國家，占領之後就不可能如此天下太平。西班牙、高盧和希臘之所以頻頻發生由這些地方眾多君主國發動的反羅馬人起義，原因就在於此。只要他們還保持著自己的傳統，羅馬人就不可能高枕無憂；只有在這種傳統被帝國的權力和持續的統治所粉碎之後，羅馬人才能成為不可動搖的占領者。後來，當羅馬人發生內訌時，由於他們已在各自的領地樹立了權威，所以都能一呼百應，因為這些地方的舊主家族早已被剷除，只有接受羅馬人的統治。

對此諸端了然於胸，就不會疑惑亞歷山大何以能在亞洲保持統治，而其他像皮洛士⑰等許多人在鞏固戰果方面何以困難重重。這不在於征服者的能力大小，而在於被征服者的情況不同。

⑰ 皮洛士（西元前三一九—前二七二），古希臘伊庇魯斯國王，曾率軍至義大利與羅馬交戰，付出慘重代價後打敗羅馬軍隊。後世有「皮洛士式的勝利」一語借喻代價沉重。

五、如何管理在被征服前生活在各自法律之下的城市或君主國

前面說過，有些國家被征服之前，曾長期在自己的法律之下自由地生活。統治這樣的國家有三種辦法：一是消滅它們；二是親自駐紮；三是讓它們繼續生活在自己的法律之下，但要讓它們稱臣納貢，建立一個對你長期友好的、少數人組成的政府，而這樣一個由新君主扶持起來的政府將會意識到，若是沒有新君主的友誼和支持，它就不可能立足，因而肯定會全力擁護你。征服者如果決意保有一個習慣於自由生活的城邦，那麼借助於該城邦的公民，會比任何其他方式都容易得多。

斯巴達人曾在雅典和底比斯建立了少數人組成的政府，以此控制那兩個地方，後來還是丟掉了他們。羅馬人為了控制卡普阿、迦太基和努曼蒂亞而滅掉了它們，就沒有得而復失；他們試圖像斯巴達人那樣統治希臘，讓它享有自由並允許它保留自己的法律，但沒有成功。於是，為了保持統治而不得不滅掉許多城邦，除此之外也確實沒有更可靠的辦法了。誰要是成為一個自由城邦的主子而不去滅掉它，那就遲早會被它滅掉。因為，只要它發動起義，總會以自由的名義和舊制度為藉口，而這兩樣東西絕不會由於時間的關係或者給人們一些什麼好處就

能被遺忘。除非公民們四分五裂或者作鳥獸散，否則，無論你怎麼做、怎麼防範，他們都不會忘掉那個名義和那種制度，一遇非常時期，立刻就會想起它們，正如比薩蒙受了佛羅倫斯人百年奴役之後的情形一樣。

但是，那些習慣於生活在一位君主統治之下的城邦或地區，一旦舊君家族被剷除，它們並不會贊成推舉它們之中的什麼人爲君主，因爲它們服從慣了，沒有了舊君，卻又不會像自由人那樣生活，所以，不可能很快就揭竿而起，新君主比較容易得到它們的支援並把它們操於股掌之中。但在共和國，生命力就較強、厭惡感較深、復仇欲也較切，它們緬懷過去的自由，不願意也不可能平靜下來，因而，最穩妥的辦法就是滅掉它們，或者駐紮在它們中間。

六、以自己的軍力和能力獲取的新君主國

我在以下對全新的君主國及其君主和政府的討論中，將談到一些最卓越的先例，人們不應對此感到驚訝，因爲人們幾乎常在重複別人走過的道路，並且效法別人的事蹟——雖然不可能完全合轍，或者並不具備效法的能力。一個精明老練之人，常會追蹤偉大人物的足跡，效法出類拔萃之輩，即使力不能逮，至少也會帶有幾分氣派；他會像精明的射手一樣行事，如果看到射擊目標距離太遠，爲弓力所不及，那就瞄準目標的高處，這不是爲了射中那個高處，是爲了取法乎上而得乎中。

我認爲，在全新的君主國裡，由於君主是新生的，統治起來的困難有大有小，這要看征服者——君主的能力強弱了。由平民一躍而爲君主，肯定是得益於能力或命運，而這兩者中的任何一項顯然都會有助於減少許多困難。然而，最少依賴命運的，卻最有可能長治久安。如果一位君主除了新征服的地區之外沒有其他領地，那就最好親自駐紮在那裡，這樣他會發現好處更大。

我認爲，依靠本人的能力而不是依靠命運成爲君主的出類拔萃之輩，當屬摩

西、居魯士、羅慕路斯、忒修斯，⑱以及能和他們相提並論的人們。當然，摩西只是上帝選定作爲他的意志的執行者，我們不必評頭論足，但是，僅憑他獲准資格與上帝談話，就應當受到尊崇。我們還是來看一下居魯士以及其他那些贏得或創建王國的人們吧，你會發現他們全都令人驚愕不已；看看他們的作爲及各自的方略，似乎與摩西的並無不同，儘管摩西有如此偉大的一位導師；再看看他們的行跡與生活，我們就會知道，他們擁有的是機會而不是命運，機會使他們所選擇的形式有了內容；沒有機會，他們的意志力就可能白白荒廢，而沒有意志力，機會也將了無用處。因此，身陷埃及、被埃及人奴役蹂躪的以色列人，對摩西來說就是必不可少的，他們爲了從奴役中解脫出來而願意追隨他；對羅慕路斯來說，至關重要的是不應留在阿爾巴，並且一出生就被丟棄，這樣才使他終於成爲羅馬

---

⑱ 摩西，基督教《聖經》中的希伯來先知和立法者。居魯士（西元前五九〇／五八〇—前五二九），即居魯士大帝，波斯阿契美尼得王國開國君主，據希羅多德記載，古波斯人稱其為「波斯之父」。羅慕路斯，傳說為戰神馬爾斯之子，羅馬城的建立者。忒修斯，傳說中的雅典國王，以殺死牛首人身怪物彌諾陶洛斯聞名。

王和他的故鄉羅馬城的奠基者；居魯士所需要的則是波斯人厭棄米堤亞人⑲的統治，以及米堤亞人因長期和平而導致的愚鈍軟弱；對於忒修斯來說，假如雅典人不是一盤散沙，他想展示自己的能力是不可能的。所以說，機會使這些人功成名就，而卓越的能力則使他們能夠洞察機會，結果是他們的國家蒸蒸日上，日趨昌隆。

像他們這樣歷盡艱辛而成爲君主的人，獲取君權時是困難的，保持君權就容易了。他們獲取君權時的種種困難，部分是產生於爲了確保統治和安全而不得不去建立新的規章制度。應當看到，沒有比試圖建立新制度更困難的計畫了，而且成敗更無把握，實行起來更加危險，因爲，宣導者將成爲所有舊制度受益者的敵人，而新制度的所有受益者卻只是些半信半疑的擁護者。這種半信半疑，部分是出於對那些反對者的畏懼，部分是出於不願輕信的心理，人們在沒有看到令人信服的確鑿證據之前，是不會眞正信任新事物的。因此，敵人只要抓住機會就會結黨進攻，其他人只會半信半疑地進行抵抗。由此可見，半信半疑的臣民和宣導革

⑲ 伊朗高原西北部古國，約西元前八世紀立國。與波斯人同源，國都埃克巴塔那（今伊朗哈馬丹城），西元前五五〇年為居魯士所滅。

新的君主都是危難中人。

爲了更好地說明這個問題，必須研究一下這些革新者是依靠自身的力量還是求助於他人，就是說，爲了經營他們的事業，需要懇求支援還是強行推進。如果四處向人懇求，那會度日維艱並將一事無成；但要依靠自己的力量強行推進，就不會有什麼危險。所以，武裝的宣導者全都獲得了成功，而赤手空拳的倡導者盡成落花流水。

此外，人民天生就是反復無常之輩，就一件事情說服他們很容易，但要讓他們堅信不疑就難了，因此，宣導者必須作好準備，一旦他們不再相信，就用武力迫其就範。假如摩西、居魯士、忒修斯和羅慕路斯赤手空拳，人們就不可能長期服從他們創立的制度。我們時代的季羅拉莫・薩沃納羅拉[20]修士就是徒手上陣的，由於他既不能使信任他的人堅定信任，又不能使不信任他的人產生信任，於是，一旦大眾不再對他抱有信任，他和他的新制度便一起毀滅了。

---

⑳ 季羅拉莫・薩沃納羅拉（一四五二—一四九八），佛羅倫斯宗教改革家，一四九四年成為佛羅倫斯實際統治者，主持制定了一四九四年憲法。後不見容於教皇亞歷山大四世，一四九八年以「異端邪說」被捕並被處死。

因此，前面談到的傑出人物，他們前進中的困難是巨大的，沿途充滿了艱難險阻，只有依靠自己的力量加以克服，而一旦克服了困難，消滅了忌妒其高位的人物之後，他們就會受到崇敬，他們將是強大、穩固、榮耀和幸福的。

除了這些崇高的例證之外，我想補充一個次要的例證，它們多少有些相通之處，我想，它可以成爲所有這類事例的代表，這就是敘拉古的希倫，[21]此人從平民一躍而爲敘拉古的君主，除了機會之外，他根本沒碰上什麼幸運。遭受壓迫的敘拉古人選擇他做最高司令，他在那個地位上成了名，又被擁立爲君主。其實，他在身爲平民的時候就已展現傑出的能力，以至於有人評論說：「除了王國之外，他做國王已經什麼都不缺了。」他解散了舊軍隊，組建了新軍；他拋棄了舊盟友，另締新交。當他擁有自己的盟友和軍隊之後，就能在此基礎上建立任何一座大廈了。因此，雖然他在獲取時經受了許多勞苦，但在享用時卻已沒什麼困難了。

---

[21] 敘拉古為義大利西西里島東岸古城；希倫指西元前二六九—前二一五年在位的希倫二世。

七、靠運氣和外國軍隊獲取的新君主國

那些僅僅依靠幸運而從平民躍升為君主的人，發跡時並不費力，但要撐下去就力不從心了；他們在途中的時候沒什麼障礙，因為他們是在飛躍，等到落地之後，困難便會紛至沓來。

希臘的愛奧尼亞諸城邦以及赫里斯龐[22]的許多君主便是這樣，他們或是靠金錢或是靠恩賜而得到了一個國家，都是由大流士立為君主，於是他們只能為了大流士的安全和榮耀而效力。還有一些皇帝也是這樣，他們透過收買軍隊，從平民躍居皇位。這些統治者只是單純依靠別人的意志或命運，而這兩者都是完全飄忽不定之物。他們不懂得如何才能保住身居其上的那個地位，而且也不可能保得住。之所以不懂，是因為一個始終過著平民生活的人，除非具有傑出的才智和能力，否則沒有理由指望他明白如何發號施令；之所以不保，則是因為手裡沒有真正對自己友好而忠誠的軍隊。再說，突如其來的國家，如同自然界速生速長的一切事物一樣，不可能根深蒂固、盤根錯節，一場壞天氣就能把它們毀於一旦。上

[22] 達達尼爾古稱。

述那些轉瞬之間即成爲君主者，如果有能力當機立斷，抓住命運之所賜，奠定基礎——別人都是在就位之前就奠定好了，他們還是能夠撐下去的。

關於上述兩條途徑，即依靠能力或者依靠命運成爲君主，我想提出兩個如在眼前的例子：弗朗切斯科．斯福爾扎和切薩雷．博爾賈。弗朗切斯科採取必要的手段，依靠自己傑出的能力，雖生爲平民而位至米蘭公爵；他在進取時歷盡了千辛萬苦，守成時便沒有什麼困難了。另一位，切薩雷．博爾賈，人稱瓦倫蒂諾公爵，則是借其父的運氣而得其尊位，儘管他爲了在這個國家——命運和他人的軍隊賜予他的國家——站住腳，已經採取了凡是精明強健的人都可能採取的種種措施和行動，但是，隨著運氣的消失，他也喪失了這個國家。前面說過，如果事先未能奠定基礎，也可以依靠傑出的能力進行事後補救，但是，這對建築師來說是困難的，對建築物來說則是危險的。考察一下這位公爵的足跡就會看到，他本人確實給未來的權力打下了強有力的基礎。

對此加以討論並非多餘。實際上，除了瓦倫蒂諾公爵的例子之外，我不知道還能給一位新君主提供什麼更恰當的勸誡。儘管他的作爲沒有給他帶來成功，但這不是他的過錯，是命運給了他異常惡毒的打擊。

亞歷山大六世爲他這位公爵兒子爭取高位的努力，在當時及後來都面臨著重重困難。首先，他看不出有什麼辦法能使公爵成爲教廷轄地以外任何一個國家的君主，他也知道，如果從教廷手中奪取這樣一個國家，米蘭公爵和威尼斯人是不會同意的，因爲法恩扎和里米尼都已經處於威尼斯的保護之下。此外，他還明白，義大利的軍隊，尤其是他能夠使用的軍隊，全部掌握在那些有理由擔心教皇擴張勢力的人們手中，他們是奥西尼和科隆內西[23]及其盟友，因此不能依靠他們。所以，他必須打破這種局面，使義大利各國陷入混亂，才能有把握制服某些國家。他發現做到這一步很容易，因爲他的運氣來了：威尼斯人出於其他考慮，正在著手再度把法國人召回義大利。他不僅不反對法國人進來，而且還給路易國王解除了早先的婚姻關係，使事情更好辦。

由於得到威尼斯人的幫助和亞歷山大的同意，法王長驅直入義大利，而且，他一到米蘭，教皇就向他借兵以奪取羅馬涅，法王則爲了壯大自己的聲威而慨然相助。這位公爵在奪得羅馬涅、鎮壓了科隆內西之後，要想保持對這個地區的統治，仍然有兩個隱憂：一是他的軍隊看來並不忠誠，二是法國的意圖。他擔心遭

---

[23] 指奥西尼家族，雇傭軍世家，當時受雇於切薩雷．博爾賈。科隆內西指科隆內西家族，中世紀和文藝復興時期的羅馬豪門。

到自己所利用的奧西尼軍隊的背棄，他們不但可能阻礙他更有所獲，甚至可能攫取他已經獲得的東西，而法國國王可能也有如此居心。公爵在占領法恩扎之後又去進攻波隆納，對此，奧西尼表現冷漠，他心中就有數了；當他拿下烏爾比諾公國之後準備長途奔襲托斯卡納的時候，法王迫使他放棄了這一行動，這讓他看透了法王的心思。於是，他決定不再依靠他人的軍隊，也不再依靠命運了。

公爵採取的第一個行動，就是瓦解奧西尼和科隆內西在羅馬的黨羽，爲此目的，他把追隨他們的貴族爭取過來，使之成爲自己的貴族，給予重賞，並按其爵位分別委以文武官職。這樣一來，不出幾個月，他們對羅馬幫的所有感情便都化爲烏有，完全轉向了公爵。

此後，他又摧毀了科隆內西家族，並且等待時機剷除奧西尼家族的首腦。機會終於來了，他充分利用了這一機會。奧西尼意識到——儘管爲時已晚——公爵及教廷的強大就意味著自己的滅亡，於是在佩魯賈地區的馬吉奧內召開了一次會議，結果烏爾比諾爆發了叛亂，羅馬涅也發生了騷亂，這使公爵面臨重重危難，但在法國的幫助下，他克服了所有這些危機。他重振了聲威，然而他也不再信任法國及其他外來勢力，爲了試探他們，他開始設置圈套。他深知如何掩飾自己的意圖，透過保羅・奧西尼㉔與奧西尼家族達成和解（為此他獻盡殷勤去討好保羅，送錢、送衣、送馬），這事辦得如此不露痕跡，最後在西尼加利亞把這些蠢貨一網打盡。消滅了這些首腦之後，他又使他們的黨羽變成了自己的朋友，為自己的權力打下了良好的基礎；除烏爾比諾公國之外，還控制了整個羅馬涅，尤其是他相信他已贏得羅馬涅的友誼，並得到了全體人民的支持，因為他們已嘗到了幸福生活的甜頭。

由於這個問題值得注意，也值得效法，所以我不想忽略不談。公爵占領羅馬涅之後發現，統治它的都是些愚鈍的領主。

這些人與其說是在管理，不如說是在掠奪，他們製造事端，使臣民四分五裂而不是團結一致，整個地區充斥著盜竊、爭吵和種種暴行；他認為，要想使當地恢復安寧、服從統治，必須建立一個好政府。於是，他委託麥瑟・雷米洛・德・奧爾科負責，並授予全權。此人冷酷機敏，短期內便恢復了安寧與統一，名聲大噪。後來，公爵擔心引起民憤，決定再無必要賦予他如此漫無邊際的權力。因

㉔ 奧西尼家族的首腦之一。

此，在這個地區的中心設立了一個公民法庭，委派了一位出色的首席法官，在那裡，每個城邦都有自己的辯護人。公爵知道，以往的嚴酷措施已招來一些人的憎恨，應當設法安撫他們，把他們全都爭取過來，他要向人們表明，如果過去發生過什麼橫暴行爲，其源頭並不在他，而是出自他的代理人的刻薄天性。爲此，他找了個機會，一天早晨，在切澤納廣場，當眾把麥瑟·雷米洛斬爲兩段。屍首旁邊是一塊木頭和一把血淋淋的屠刀。這種殘忍場面使那裡的人民感到心滿意足，同時也凜然生畏。

言歸正題。這時，公爵已十分強大，對付當前的危險也有了一定的把握，他如願以償地武裝了起來，消滅了有可能對他產生危害的鄰近勢力。但是，如果他想繼續他的事業，眼前還有一個問題，那就是法國國王。他知道，法王已經意識到自己犯了一個悔之莫及的錯誤，不可能容忍新的征服了，因此，公爵開始尋找新的盟友並敷衍法國，比如在法國人進逼那不勒斯王國以及攻擊正在圍困加埃塔的西班牙人時，他就是這麼做的。他的目的就是免受其害，對此，如果教皇亞歷山大在世的話，他是能夠迅速獲得成功的。

這些就是他對當前事務所採取的措施。但是，對於未來事務，他卻憂心忡忡。首先，教廷的新主人可能會對他不友好，甚至可能會奪回亞歷山大已經給他的東西。有鑒於此，他打算採取四項措施以自保：一，消滅那些已被廢黜的領主的家族，不給教皇留下可乘之機；二，像前面說的那樣，把羅馬的所有貴族爭取到自己的一邊，以便利用他們牽制教皇；三，盡力爭取樞機主教團給予幫助；四，在教皇未死之前奪得更大的統治權，以便能夠依靠自己的力量抵禦最初的攻擊。

到亞歷山大去世時，公爵已把這事做完了三件，第四件也幾近完成，那些被廢黜的統治者遭到了不遺餘力的殺戮，只有極少數倖免於難，羅馬的貴族已被爭取過來，樞機主教團基本上成了他的同黨。

關於下一步的征服，他打算成爲托斯卡納的統治者。他已經占領了佩魯賈和皮翁比諾，並將比薩置於他的保護之下，一旦沒必要再對法國國王心存顧忌（其實他已無須顧忌，因爲法國人已被西班牙人趕出了那不勒斯王國，這將使他們雙方的每一方都不得不向他買好），就能立即霸占比薩，隨後，盧卡和錫耶納都會因爲妒忌佛羅倫斯和心懷恐懼而立刻稱臣。對此，佛羅倫斯人將無可奈何。

如果他完成了這些計畫（本來是可以在亞歷山大去世那年完成的），他就可以獲得足夠的實力和聲威，他可以自立，可以不再仰仗別人的運氣和力量，而是依靠自己的元氣和能力。但是，在公爵投身征戰五年之後，亞歷山大死了。他留下了羅馬涅給凱撒，在兩個強大的敵軍之間，只有它是鞏固的，其餘的地方全都懸而未決，而且公爵本人也已病入膏肓。然而，公爵勇猛過人，能力出眾，並且深諳得人之道和負人之失，在極短的時間內就打下了牢固的基礎。假如沒有強敵壓境、假如他身體健康，他是能夠克服任何困難的。

羅馬涅人曾連續等了他一個多月，由此可見，他的基礎是穩固的；在羅馬，儘管他已半死不活，但卻是安然無恙；儘管巴格利奧尼、維泰利㉕和奧西尼進入了羅馬，但卻不能對他採取進一步的敵對行動；儘管他未能把他希望的人選擁立爲教皇，但至少阻止了他不喜歡的人成爲教皇；假如亞歷山大死時他還健康，一切事情可能都好辦。他在尤利烏斯二世就任那天對我說，他早就料到他父親死時會發生什麼事情，並且已經找到了萬全之策，但卻根本沒想到其父死時他本人也已瀕臨死亡。

回顧公爵的所作所爲，我認爲無可厚非。相反，應當使他得到表彰，對於那些依靠命運或他人的力量獲得統治地位的人來說，他是值得效法的。他有足夠的

㉕ 十五世紀佩魯賈地區的統治家族。維泰利是雇傭軍首領。

勇氣和高尚的目標，理應如此作爲，只是因爲亞歷山大短命和他本人罹病，他的計畫才未能如願。所以，誰要是認爲必須使新到手的王國免遭敵人危害，必須爭取朋友、必須靠武力或詭詐去征服、必須使自己令人民又愛又怕、必須得到軍隊的服從和尊敬、必須消滅有可能加害自己的人、必須更新舊制度、必須既嚴峻又和藹、必須寬宏大量、必須毀掉不忠的軍隊，徵募新軍、必須同各國國王和君主們保持友好，但要迫使他們殷勤相助或者根本不願爲敵，那就再也找不出比這個人的所作所爲更新鮮的範例了。

我們能夠對他加以責難的，唯有他選舉尤利烏斯當教皇一事。這是他作出的一個錯誤選擇。我已說過，即使找不到一個自己滿意的教皇，他也能夠阻止他想阻止的任何人得到那個職位，而絕不應該讓一個被他傷害過或者當上教皇之後對他心懷恐懼的樞機主教擔任教皇，因爲人們會由於恐懼或憎恨而加害於他。受過凱撒之害的人們當中，有聖皮耶羅·阿德·溫庫拉、科隆納、聖喬治和阿斯卡尼奧[26]等人。除了羅阿諾和西班牙主教之外，其他人一旦成爲教皇，肯定都會害怕

[26] 均為樞機主教。聖溫庫拉一五〇三年當選教皇，即尤利烏斯二世。

他：西班牙是他的盟友並受惠於他，羅阿諾則是因爲與法蘭西王國關係密切而享有權力。因此，公爵應該全力推舉一個西班牙人當教皇，如果辦不到，也應同意羅阿諾，而不應該是聖皮耶羅．阿德．溫庫拉。如果認爲施以新的恩惠就能使一個大人物忘掉過去受到的傷害，那就是自欺。㉗公爵在這次選舉中的失策，導致了他的最後滅亡。

㉗ 史載，聖溫庫拉與切薩雷．博爾賈家族積怨甚深。

八、以邪惡之道獲取君權的人

生爲平民而崛起爲君主，還有另外兩條途徑，這不能完全歸因於命運或能力，因此我不想略而不談。對於其中之一，我可能在論述共和國時還要詳加討論。這兩條途徑就是：一個人利用邪惡卑鄙的手段躍居王位，或者一個普通公民得同胞之助而成爲故土的君主。關於第一條途徑，我將用兩個例子加以說明，一個是過去的，一個是晚近的，可以肯定，用力鑽營此道的人，有這兩個範例就足夠了，無須深究其功過。

西西里人阿加托克雷，[28]不僅是一介平民，而且低賤下流，但卻成爲敘拉古國王。此人是陶工之子，一生都過著邪惡的生活。然而，他在精神和肉體兩方面的邪惡行徑卻展示了如此力量，以至於從軍之後便一路青雲，直到升爲敘拉古的執政官。一到了這個地位，他又決意成爲君主，並依靠暴力而不是領受別人的恩惠來占有人們同意給他的東西。爲此，他還爭取到了正率軍在西西里作戰的迦太

㉘ 阿加托克雷（西元前三六一—前二八九），西元前三一六—前三〇四年為敘拉古國王，前三〇四—前二九八年為西西里國王。

基人阿米爾卡的贊同。一天早晨，他召集敘拉古人民和元老院開會，彷彿要和他們共商國是；在發出一個約定的信號之後，他的士兵就動手幹掉了元老們和那些豪門大戶。這場殺戮之後，他沒有遇到公民的任何反抗，便奪得了對這個城邦的統治權；而且，儘管迦太基人將他兩次擊敗並終於包圍了他，但他不僅保衛了城邦，而且除了留下一部分軍隊反包圍之外，還以其餘兵力進攻非洲，因此，很短時間他就解了敘拉古之圍，並使迦太基人陷入了絕境，被迫與他講和；迦太基人滿足於占有非洲，把西西里讓給了阿加托克雷。

審視一下這個人的各種行徑及其生平就會看到，他沒有或極少得到命運之寵。前面說過，他沒有得到任何人的鼎力相助，只是歷盡艱辛在軍中一步一步往上爬；他得到了君權，爲了保住君權，他採取了許多勇敢的冒險行動。然而，屠殺同胞、出賣朋友、言而無信、毫無惻隱之心、沒有宗教信仰，是不能叫做德行的；以如此操守可以取得統治權，但不能贏得榮耀。如果考慮到阿加托克雷的出入危殆之境、忍受困難、克服困難的大智大勇，我們就沒有理由認爲他遜色於任何出類拔萃的將領。然而，由於他的野蠻橫暴、殘酷無情及無數的卑劣行徑，他便沒有資格躋身於最卓越的人物之列。因此，我們就不能無中生有地把他取得的成就歸因於命運或德行。

在當代，亞歷山大六世在位期間，費爾莫有一個幼年喪父的奧利維羅托，由他的舅父喬萬尼．福利亞尼撫養，少年時候就被送到保羅．福泰利[29]麾下當兵，以圖能在那裡得到精心培養，將來在軍中飛黃騰達。保羅死後，他在保羅的兄弟維泰洛佐部下服役，由於他機智勇敢，身強力壯，很快就成了軍中的排頭兵。但是，他不甘屈居人下，決心在某些費爾莫市民——他們認爲受奴役勝過他們故鄉的自由——和維泰洛佐的幫助下去奪取費爾莫。

於是他寫信給喬萬尼．福利亞尼說，由於背井離鄉多年，很想回去探望他和故鄉，也想看看自己的遺產；他還說，除了榮譽之外自己別無所求。爲了讓他的同胞看到他並未虛度光陰，他希望帶著由他的朋友和侍從組成的一百名騎兵榮歸故里，並請求舅父安排費爾莫人民給他體面的歡迎，聲稱這不僅是他本人的榮耀，而且還是喬萬尼的榮耀，因爲他是喬萬尼養育的孩子。

於是，喬萬尼竭盡全力爲這位外甥盡了義務，使他得到了費爾莫人民的隆重歡迎。奧利維羅托在自己家裡安頓下來。過了幾天，爲下一步的邪惡計畫作出了精心密謀之後，他舉行了一個盛大宴會，邀請喬萬尼．福利亞尼和費爾莫的所有

---

[29] 佛羅倫斯雇傭軍將領，一四九九年十月因涉嫌叛變被捕殺。

要人出席。酒足飯飽，所有慣常的宴會節目也都結束了，奧利維羅托按預定的設計發表了一本正經的演說，大談教皇亞歷山大和他的兒子凱撒的偉大功績。喬萬尼和其他人對此作出了反應。奧利維羅托立刻起身，聲稱在一個比較隱蔽的地方談論這些事情爲宜，並退入一個房間。喬萬尼和其他人也跟了進去，剛要坐下，士兵們就從藏身之處湧了出來，把他們殺了個精光。

大肆殺戮之後，奧利維羅托便在城裡縱馬橫行並包圍了王宮，那位君主驚恐萬狀，被迫屈從，認可了一個由奧利維羅托作君主的政府。消滅了那些心懷不滿並可能危害他的人之後，他頒布了新的民政及軍政措施以鞏固統治，在把持君權的一年間，他不僅在費爾莫安穩立足，並且成爲所有近鄰的畏懼目標。其實，在切薩雷·博爾賈鎮壓了奧西尼和維泰利之後，假如奧利維羅托在西尼加利亞不上公爵的當，他也會像阿加托克雷一樣難以被推翻。在蓄意滅親一年之後，他和他的恩師維泰洛佐一同做了俘虜，他被處以絞刑。

有人可能會不解，像阿加托克雷及其同類那樣無比奸詐殘暴之徒，爲什麼卻能在國內長期安全地生活下去，能夠免受外敵侵害，而且人民也從不謀反；但其他許多人，即使在和平時期也很難依靠殘暴手段維持統治，更不必說勝敗未卜的戰爭時期了。我認爲，原因就在於善用還是濫用殘暴。我們所說的善用（假如能夠把善這個詞用於惡事），是指征服者出於自身安全的需要，可以偶爾使用一下殘暴手段，除非能爲臣民謀得更大的利益，絕不再三使用。所謂濫用指的是，雖然開始時用得不多，其後卻與日俱增，而不是日漸減少。以第一種方式行事的君主，假如能得神、人之助，像阿加托克雷那樣，還能更有利於鞏固地位；採取第二種方式的人就很難自保了。

由此可見，精明的征服者在奪取一個國家之後，應當把自己必須採取的侵害行爲統統明確下來，並且立刻畢其功於一役。這樣一來，便無須日復一日地做下去，因爲，不去反復地侵害人們，他們就會產生安全感；繼而善待他們，就會得到他們的支持。如果由於怯懦或受人唆使，反其道而行之，你就只好總是刀劍在手，絕不會信賴臣民，臣民也會由於受到新的不斷侵害而不可能感到安全。把侵害行爲一次做完，臣民便會少受些折磨，怨憤就少一些；好處則應該一點一點地給，才能使他們更好地品嘗到滋味。

尤其是，明君應當與臣民生活在一起，目的在於防止發生意外事件，以免被迫改弦更張，無論那是壞事還是好事。因爲，在不利時期出現緊急情況，再去採取嚴厲措施已爲時太晚；這時趕忙行善也幫不了你，因爲這將被人視爲迫不得已，你不會因此而得到任何感激。

九、公民君主國

現在談談另一種情況。一個平民得到同胞的幫助而不是依靠凶狂作惡或者不法暴力成爲君主，我稱這種國家爲公民君主國。要取得這種地位，既不需要完全依靠能力，也不需要完全依靠命運，需要的是一種僥倖的機敏。這樣取得君權，要麼是得助於人民，要麼是得助於有錢人，因爲每個城邦都有這樣兩個對立的派別。公民君主國的由來就在於此：人民不願被有錢人支使和壓迫，有錢人則喜歡支使和壓迫人民，這兩種對立的需求便產生了以下三種結果之一，即君權、自由權或放任自流。

君權不是出於人民就是出於有錢人，這要看雙方的哪一方有此動機。有錢人在看到無力與人民對抗時，就會支持自己中間的某個人成爲君主，以在他的蔭庇之下滿足自己的需求。人民也是這樣，他們在無力對抗有錢人時，也會支持自己中間的某個人成爲君主，以便得到他的權力的保護。

得有錢人之助而取得的君權，比得人民之助而取得的君權要難以維持，因爲君主被許多自認爲與他平起平坐的人包圍著，以致君主不可能按照自己的意志對他們發號施令或調遣安排。但是，一個得到人民支持而即位的君主，卻是隻身獨立的，他的周圍沒有任何人——或者只有極少數人——不準備服從。此外，統治者如果有口皆碑、不損害他人，有錢人雖不會滿意，但人民肯定滿意，因爲人民的目的要比有錢人的目的更光彩，有錢人要的是壓迫，人民的希望是不受壓迫。

再說，與懷有敵意的人民作對，君主絕不會得到安全，因爲人民爲數太多；與有錢人作對則無損於君主的安全，因爲有錢人爲數甚少。當然，對君主來說，可以預料，懷有敵意的人民所能做出來的，充其量就是拋棄他；懷有敵意的有錢人則會讓他膽戰心驚，因爲他們不僅會拋棄他，還會採取行動收拾他。有錢人比人民更富有洞察力、更機敏，他們總能使自己及時得救，並能求得他們寄予勝利希望的任何人的支持。但是，君主還是要與人民生活在一起，即使沒有有錢人，他也能過得下去，他對有錢人能隨時加以予奪，還能隨意給予毀譽。

爲了更充分地說明這個問題，我認爲主要應從兩個方面注意觀察有錢人：他們爲人處世是否完全以你的命運爲轉移。如果是，並且又不貪婪，就應給予尊重和愛護；如果不是，那就需要檢驗一下，他們這樣做是出於膽怯還是天生缺乏勇氣（這時你應當利用他們，特別是利用那些能夠出謀劃策的人，因爲，你在順境中他們會尊敬你，身處逆境時也無須害怕他們）。

但是，當他們出於野心而故意疏遠你時，這就是一個徵兆，顯示他們更多的是替自己而不是替你著想。君主對這些人應多加防範，寧可把他們視做公開的敵人，否則一旦你的處境不利，他們必會推波助瀾，直到把你毀掉。

因此，得人民之助而成爲君主的人，如果明智的話就應當和人民保持友好的關係，做到這一點很容易，因爲人民所要求的不過是免於壓迫。但是，一個與人民作對的人如果依靠有錢人的幫助而成爲君主，那麼他的首要之務就是努力爭取人民的支持，做到這一點也很容易，那就是向人民提供保護。這樣，人們原來擔心身受其害而現在卻領受其恩，就會更加親近他們的保護人，人民對這樣一位君主會迅速地傾心擁戴，這將使那些幫助他登上王位的人相形見絀。

所以，一位明君可以採取多種辦法爭取人民的支持，這些辦法因時因地而異，不好給出一定之規，恕不贅述。我只想指出，君主與人民保持友好關係至關重要，否則，一旦身處逆境，他將無計可施。斯巴達君主納比斯，㉚頂住了整個希臘和一支羅馬軍隊的圍攻，大獲全勝，保住了他的城邦和他本人的地位；而在危難降臨之時，他需要做的無非是處置幾個不忠的公民，但假如這時人民都對他

㉚ 西元前二〇六？—前一九二年在位，以貪婪、殘暴聞名，後被羅馬人暗殺。

懷有敵意，處置幾個人就無濟於事了。

明君應當依靠人民，這是我的信條，與此相反的則是一個陳詞濫調：「立足於民，猶如沙地建屋。」當然，如果一個平民立足於人民，一廂情願地認爲一旦受到敵人或公職人員的侵害，人民將會來解救他，那個說法的確言之有理，但像羅馬的格拉基㉛和佛羅倫斯的麥瑟·喬治·斯卡利㉜那種情況，他往往會發現上了大當。但是，當立足於民的是一位能夠統率全域的君主，一位勇敢無畏的大丈夫，處逆境而不動搖，不乏未雨綢繆之功，以他的勇氣和謀略鼓舞著人民，他就絕不至於被人民所負，他可以確信已經奠定了堅實的基礎。

公民君主國在從共和政體轉向專制政治時，往往險象環生，因爲有的君主是親自施政，有的則是依靠政府官員施政；在後一種情況下，君主的地位更加軟弱、更加危險，他們完全受制於那些把持公職的公民的意志。特別是在危難時刻，這些人要麼會採取行動反對君主，要麼就是拒不服從，他們很容易就能篡奪君主的權位，而君主到了危急之時才想到抓取絕對權力，未免太遲了，因爲公民

㉛ 即古羅馬著名的保民官「格拉古兄弟」。

㉜ 十四世紀時佛羅倫斯的下層民衆領袖之一，一三八二年一月被殺害。

或臣民已經習慣於從政府官員那裡接受命令，在這種緊急關頭也不會聽從君主的命令；而且風雲突變之時，君主還常常找不到能夠信賴的人。這樣的君主不要被天下太平時的景象所迷惑，那時的公民都對政府有所祈求，人人都在為國奔走，人人都會信誓旦旦，人人都因為死亡尚在遠處而表示樂意為君主獻出生命；到了黑雲壓城之時，當政府需要公民的時候，能找到的人卻寥寥無幾了。統治者要想做這樣的試驗將會大難臨頭，因為你能試驗的機會只有一次。所以，明君應當竭力設法使他的公民在任何時候、任何情況下，都對政府和他本人有所祈求，這樣他們才會永遠效忠。

十、如何評價君主國的實力

在研究各類君主國的性質時，還應討論另一個問題，那就是，一個君主能否在必要時單獨依靠自己的力量反擊入侵，抑或常常需要他人的照應。更明確地說，我認為，只要他能擁有足夠的人力、財力，使他能夠徵募到足以與任何來犯之敵決戰疆場的軍隊，他就有能力靠自己的力量反擊入侵的君主。同理，如果他不能到戰場上迎擊敵人，而只是被迫躲在城牆後面進行防禦，我想，他就是常常需要別人援助的君主。第一種情況已經討論過了，適當的時候還可以再談。關於第二種情況，我只有建議這種弱君，不必看重城邦以外的地方，只管備足糧草，固守城邦，至於其他，我沒什麼好說的。任何一個統治者，只要他加強城防並且按照前述及下面還要談到的方法處理好與臣民的關係，無論誰想攻擊他，都會大大躊躇一番，因為，他們在眼看著這樣的圖謀面臨重重困難的時候，總是心懷疑懼的，而且他們還會看到，進攻一位壁壘森嚴、不被人民憎恨的君主將是多麼不易。

日爾曼的城邦是完全自由的，只有很少農田，是否服從皇帝要看它們是否願意；它們並不害怕皇帝或鄰近的任何統治者。因為它們的壁壘之森嚴使任何人都能明白，要想攻陷它們肯定會曠日持久、難上加難。它們全都築有足夠的壕塹城垣，備有足夠的大炮，官廩中儲有足夠一年之需的飲食及燃料。同時，爲了保證人民供給而又不致耗盡官廩，它們一年到頭總是有辦法在那些事關城邦存亡和百姓饑飽的行業中向人民提供工作機會。它們的軍事素養也是名聞遐邇，並且形成了許多制度以保持這種素養。

因此，一位擁有強固的城邦、又沒有遭到憎恨的君主，就不會受到侵犯，而一個魯莽來犯之敵肯定會狼狽收兵，因爲這個世界的事情已是如此變動不居，一個入侵者將會發現，讓他的軍隊整整一年無所事事地圍困這樣一位君主，幾乎是不可能的。也許有人會說：「如果人民在城外有財產，現在眼看著要毀於戰火，他們將失去耐心；而且長期的圍困和利己之心也會使他們置君主於腦後。」對此，我的回答是，一位有力而果敢的君主總能克服所有這些困難，他會讓臣民抱有希望，想必災難不至於沒完沒了，同時又對敵人的殘酷懷有恐懼；他還會巧妙地防備那些他認爲過於膽大妄爲的不軌之徒。此外，來犯之敵總要在周圍地區燒殺擄掠，這時如果城邦的士氣仍然旺盛，並且決心抵抗，君主更不應該猶豫不決，否則，用不了幾天，一旦士氣消沉，危害便已鑄成，災難也將臨頭，那就無可挽回了。當然，君主的抗敵行動導致人民的房宅家產毀於兵火，儘管這使君主顯得有負於人民，但人民也許會更加義無反顧地與君主同心同德。就人的本性而言，授受恩惠都能使人產生義務感。

因此，一位明君，如果能夠事事成竹在胸，不乏糧草，防守得當，那就不難使他的臣民始終保持堅定意志以抗擊圍困。

十一、教皇國

現在尚未討論的只有教皇國了。對它們來說，全部困難都發生在得到它們之前，而得到它們要麼靠能力，要麼靠命運；但要保持下去，則既不靠能力也不靠命運，靠的是歷史悠久、相沿承襲的教規。這些教規至今仍然強大有力，並且有著如此性質：讓君主把持權位，對他如何行事和生活卻不聞不問；君主獨自擁有國家卻不設防衛，擁有臣民卻不加治理；然而，國雖無防卻無人攫奪，臣民不受治理卻並不在意，且君民離間之事既不可想像也無此可能。只有這種君主國才是安全而幸福的。

但是，由於它們得到了人類智力難以企及的更高理想的支持，我就不再談論了，因爲它們得到了上帝的扶持，對其論短說長，只能是忘乎所以的孟浪之舉。

然而，還會有人問我，教廷何以能在世俗事務中獲取如今這樣的實力？在教皇亞歷山大之前，義大利的當權者們（不僅是這些被稱爲當權者的人，即使那些非常非常弱小的貴族和領主們）在世俗事務方面並不把教廷放在眼裡，而現在，法國的國王卻在它面前發抖；它已經把法王趕出了義大利，並且毀滅了威尼斯人——儘管這種局面已爲眾所周知，我還是認爲，稍稍詳細地回憶一下並非多餘。

法王查理入侵義大利之前，這個地方處在教皇、威尼斯人、那不勒斯國王、米蘭公爵和佛羅倫斯人的統治之下。這些當權者需要警惕的有兩件事：第一件是外國軍隊入侵義大利，第二件是義大利諸國之一奪取更多的地盤。在這中間，教皇和威尼斯人備受注意。爲了遏制威尼斯人，其他各國需要像保衛費拉拉時一樣結成同盟。爲了遏制教皇，他們就利用羅馬的貴族，把他們分裂爲奧西尼和科隆內西兩派，使他們相互傾軋；他們手執武器面對教皇，使教皇心虛膽怯。

雖然有時也能出現一個像西克斯圖斯㉝那樣勇敢的教皇，但是，無論命運還是機謀，都不能使他擺脫這種煩惱。教皇在位時間短暫也是造成這種局面的一個原因，他們平均在位十年，而十年時間恐怕很難壓服一個派別，例如，一位教皇差不多摧垮了科隆內西家族，但繼位的教皇又與奧西尼家族爲敵，而爲了扶持科隆內西一派再度崛起，又拿不出時間去毀滅奧西尼一派。結果，教皇的世俗權力在義大利幾乎無足輕重。

㉝ 即義大利籍教皇西克斯圖斯四世（一四一四—一四八四），一四七一—一四八四年在位，捲入暗殺梅第奇的陰謀等許多糾紛，參與對佛羅倫斯的戰爭，竭力壯大教皇轄地。

亞歷山大六世繼位之後，卻超越了歷任教皇，顯示了一個教皇可以利用金錢和武力而得勢。他把瓦倫蒂諾公爵用作工具，並利用法國入侵的機會做出了我在前面論及公爵的作爲時業已談到的種種成就。雖然亞歷山大的意圖並不是爲了擴張教廷勢力，而是爲了助長公爵的勢力，但他這樣做的結果卻是教廷勢力的壯大，在他去世和公爵敗亡之後，教廷便坐享了他的努力成果。

其後，教皇尤利烏斯繼位。他發現教廷是強有力的，因爲它已控制了羅馬涅全境，羅馬的貴族已被剷除，幫派之爭也在亞歷山大的打擊之下告停。他還發現了直到亞歷山大時代都沒人用過的斂財之道。尤利烏斯不僅繼續實施這些方略，並且發揚光大。他決心奪取波隆納，滅掉威尼斯人，把法國人趕出義大利。他的這些事業全部大功告成，這爲他帶來了更高的聲譽，因爲他的所有作爲都是爲了提高教廷的地位而不是哪個人的地位。他讓奧西尼和科隆內西兩派各得其所，使其各守本分，儘管他們當中還有某種反叛的傾向，但有兩件事使他們保持了安靜：一是教廷的強大使他們心懷畏懼，二是不讓他們的人擔任樞機主教，而樞機主教正是雙方爭鬥的根源。只要他們有人擔任樞機主教，黨爭就會無休無止，因爲這些主教必在羅馬內外培植同黨，貴族們只好去保護他們，於是主教們的野心便會導致貴族之間的紛爭和變亂。

因此，教皇利奧十世[34]陛下當會明察教宗職位的強大有力。我們期望，既然陛下的前人已經依靠武力使這一職位變得舉足輕重，那麼陛下的仁慈和無數其他美德，將使它更加偉大和令人崇敬。

[34] 即喬萬尼·德·梅第奇（一四七五—一五二一），羅倫佐家族成員，一五一三—一五二一年在位。

十二、軍隊的不同種類及雇傭軍

本書開篇就提出要加以討論的那些君主國的性質，我已作了詳細論述，並且從多方面指出了它們或盛或衰的原因，展示了許多人努力謀國保國的方略，現在需要概括討論一下他們可能採取的攻守之道。

前面說過，君主必須強根固本，否則必亡。而一切國家，無論新舊或半新半舊，其根本之所在，就是良好的法律和良好的軍隊。軍隊不良則法律不良；有良好的軍隊必有良好的法律。下面我想談談軍隊問題，法律問題從略。

我想，君主用來保衛國家的軍隊，不外乎自己的軍隊、雇傭軍、外國援軍或者混合型軍隊，雇傭軍和外國援軍有害無益。如果君主以雇傭軍充當他的統治基礎，他將既無安定可言，也無安全可享；因爲他們人各有志，自命不凡，風紀敗壞，無信無義，見朋友勇，遇敵人怯，對上帝不敬，待同類不忠，你的敗亡之所以推遲，不過是敵人推遲了對你的攻擊罷了。你平時將受到他們掠奪，戰時又會受到敵人掠奪，原因在於，除了那點佣金之外，他們既不會出於對你的愛戴，也沒有其他理由去投身沙場，而這點佣金並不足以讓他們爲你冒死拼殺。只要你沒有戰事，他們也確實樂於爲你當兵，一旦戰火臨頭，則興致全無或者溜之大吉。

要想證明這一點並不困難，因爲義大利最近的土崩瓦解，無非就是它多年以來依靠雇傭軍的結果。某些君主確實得到了現實利益，雇傭軍的相互爭鬥也顯得驍勇善戰，不過一有外敵壓境，他們就原形畢露，以致法王查理只是揮舞著粉筆就進占了義大利。有人說，落到這步境地是我們的罪過。他說出了眞相。但根本不是他所想像的那些罪過，而是我已經論及的那些罪過：那是君主們的罪過，他們已經爲此蒙受了懲罰。

我想進一步說明這種軍隊的卑劣性質。雇傭軍的將領們，要麼就是兵家高手，要麼不是。如果是，你就不能信賴他們，因爲他們總想著爲自己謀取權力，從而不是折磨你這個主子，就是逆著你的旨意折磨別人。如果不是個稱職的將領，一般說來你就能毀在他手裡。也許有人會說，無論他是不是個雇傭兵，只要他控制了軍隊就能夠毀了你。對此，我的回答是，軍隊必須由君主或共和國來駕馭。明君要親自履行統帥的職責；管理有方的共和國則應委派一個公民，假如奉派之人最終顯示不是稱職的首長，就應予以撤換；假如他勝任其職，也應予以法律約束，庶幾不致越軌行事。經驗告訴我們，只有自主行動的君主和武裝起來的共和國才能成就大業，雇傭軍卻是成事不足而敗事有餘。身爲公民自會發現，如果他的城邦是一個用自己的武器而不是用外國武器武裝起來的共和國，它將更難被人征服。

羅馬和斯巴達許多世紀都在整軍經武，從而享有自由。瑞士則是澈底武裝起來，因而享有完全的自由。關於古代雇傭軍的情況，迦太基人提供了一個例子：儘管迦太基人委派自己的公民擔任雇傭軍的指揮官，但在第一次與羅馬人交戰之後，卻差點被雇傭兵們打倒。伊巴密濃達㉟死後，馬其頓的腓力被底比斯人請來擔任軍事統帥，勝利之後卻剝奪了他們的自由。

腓力公爵㊱一死，米蘭人便僱用弗朗切斯科．斯福爾扎去討伐威尼斯人，及至卡拉瓦焦一戰擊敗了敵人，斯福爾扎卻又和威尼斯人聯手，轉而打垮了他的雇主。斯福爾扎之父，曾經受雇於那不勒斯女王喬萬娜，充任率軍之將，後來突然離她而去，使軍隊解體；爲了不致喪國，女王被迫投入阿拉貢國王㊲的懷抱。

然而，威尼斯和佛羅倫斯過去都曾利用雇傭兵擴張自己的勢力，但他們的將

㉟ 西元前四世紀時，底比斯的軍事將領和政治家。

㊱ 腓力公爵（一四一二—一四四七），米蘭公爵，其女比安卡．瑪麗阿為弗朗切斯科．斯福爾扎之妻。

㊲ 即西班牙國王斐迪南二世。

領卻並未自立爲王，反而保衛了它們。對此，我的看法是，佛羅倫斯人在這件事上靠的是僥倖，因爲，他們雖然有理由對那些精明強幹的將領感到憂心忡忡，但這些人當中，有的未獲戰績，有的受到牽制，還有的則另有旁騖。

未獲戰績的那個人就是喬萬尼・奧庫特，[38]此人是忠是奸，我們不得而知，因爲他沒有戰勝，但是任何人都會承認，假如他戰勝了，佛羅倫斯就得由他主宰了。斯福爾扎則有布拉切斯基這樣一個對頭互相掣肘。弗朗切斯科把他的野心轉向了米蘭，布拉喬則把矛頭對著教廷和那不勒斯王國。再來看一下不久前發生的事情。佛羅倫斯人使保羅・維泰利成爲他們的將領，此人老謀深算，起自平民而致身顯達，已是名聲大噪；如果他奪占了比薩，佛羅倫斯人勢必成爲他的奴僕，這是誰都不會否認的，因爲，既然僱用了他，就只有服從他，否則，一旦他被敵人雇爲將領，佛羅倫斯人將無防可守。

至於威尼斯人，考察一下他們的行跡就會看出，他們把進取目標指向大陸之前，一直是親自作戰；他們的貴族和武裝的平民都表現出了極大的英勇氣概，因

---

[38] 喬萬尼・奧庫特（一三二〇—一三九四），本名約翰・德克伍德，英國人。曾參加英法戰爭得英王授勛，後率兵到義大利各國充當雇傭軍，客死佛羅倫斯。

而取得了既穩妥又輝煌的進展。但是，當他們開始在大陸作戰之後，卻丟棄了這種英勇氣概，反而學起義大利式的戰法。

他們在大陸擴張之初，由於地盤還不夠大，加之聲威赫赫，因此，還不怎麼擔心他們的雇傭軍將領。但是隨著卡爾馬尼奧拉[39]揮兵挺進，他們的地盤逐漸擴大，這時他們便嘗到了苦頭。他們發現，此人才具過人（正是由於他的領導能力，他們才打敗了米蘭公爵），但同時也看到，他越來越無心征戰。於是，他們斷定，要想繼續贏得勝利，指望他是不可能了，因爲他不想幹了，但又不能解雇他，否則，已經到手的東西恐怕也將得而復失。因此，免受其害的必要性使他們不得不殺了卡爾馬尼奧拉。後來，他們又將貝加莫的巴爾托洛梅奧、聖塞維里諾的羅伯托、皮蒂利亞諾公爵等等雇爲將領，這樣，他們便不得不擔心失敗，結果是一無所獲。終於，後果在維拉出現了：他們八百年來含辛茹苦贏得的一切，在一場戰役中喪失殆盡。由此可見，依靠雇傭兵，即使能有所得，也是來得既慢且遲，而且微不足道，但要失足，卻會快得讓人不可思議。

---

[39] 卡爾馬尼奧拉（一三九〇—一四三二），雇傭軍首領，先是受雇於米蘭，後為威尼斯效力，一四三二年以叛變罪，被威尼斯人處死。

由於這些例子都發生在已被雇傭軍統治了多年的義大利，我想應當回顧一下他們的過去。我認爲，只有了解他們的來歷，才能更好地控制他們。你肯定知道，在現代義大利，王權遭到排斥，而教皇卻在世俗事務中取得了更大的權力；義大利四分五裂、國家林立，許多大城邦拿起武器反對它們的貴族，而這些貴族過去是靠王權的支援才占有了它們；教廷則向城邦伸出援手，以便對世俗事務發揮影響；還有一些城邦則是公民做了君主。這樣一來，義大利幾乎全部落入教廷和五花八門的共和國之手。由於掌政的教士和公民並不熟悉掌軍之道，他們便開始招募外國人。

第一個使這種軍隊出名的人就是科尼奧的阿爾貝里戈，㊵一個羅馬涅人。此人門下出了些人物，其中就有布拉喬和斯福爾扎，他們成了當時的義大利主宰。繼他們之後，其他人又接踵而來，統率雇傭兵以至今日。讓他們效力的結果是，義大利遭到了查理的蹂躪、路易的掠奪、斐迪南的強暴和瑞士人的凌辱。

下面就是他們使用的辦法：最初的時候，他們貶低步兵以抬高自己，這樣做

㊵ 阿爾貝里戈（一三四四—一四〇九），義大利式雇傭軍的創始人，組建了著名的「聖喬治兵團」。

是因爲他們沒有地盤，以受雇爲生；步兵兵員太少，則無助於抬高他們的聲譽，兵員多了又供養不起。因此他們改用騎兵，並且保持一個便於駕馭的規模，這給他們帶來了收益和榮譽。後來則出現了這樣的情形：在一支兩萬人的軍隊中，步兵還不足兩千。此外，他們還千方百計使自己和士兵們擺脫困苦，免於恐懼，兩軍對壘時並不互相殺戮，而是捕捉俘虜，然後不要贖金即予釋放。他們從不夜襲城邦，城中駐軍也從不襲擊宿營地。他們的軍營周圍不設柵欄，不挖壕溝，冬天一到就不出征。所有這些都是他們公認的軍事慣例，目的就是爲了逃避艱險，結果是他們陷義大利於奴役和屈辱之中。

十三、外國援軍、混合型軍隊及本國軍隊

當召喚一個強人率軍援助和保護你時，這就是外國援軍（是又一種有害無益的軍隊）。教皇尤利烏斯二世近年來就是這樣做的。他在征討費拉拉時目睹了雇傭兵的低劣表現，於是轉而求助於外國援兵，與西班牙國王斐迪南達成協議，由他提供軍事援助。

這些軍隊本身也許是可堪任用的仁義之師，但是對於邀請他們的人來說，卻幾乎總是有害的；因爲，他們落敗了，你也就完了，他們打贏了，你會成爲他們的囚徒。儘管這樣的例子在古代歷史上比比皆是，但我不想略過教皇尤利烏斯二世這個新近的例子。爲了把費拉拉弄到手，他竟然能完全委身於一個外國人，這個決定簡直愚不可及；幸虧他運氣好，出現了第三種情況，才使他免受這一錯誤選擇之苦：他的援軍在拉韋納遭到慘敗，這時瑞士人突然出現並趕走了勝利者——這完全出乎他和其他人的意料。因此，他既沒有成爲他的敵人的俘虜，也沒有成爲那個援軍的囚徒，因爲他的敵人已經潰逃，而幫助他獲勝的是其他力量而不是那個援軍。佛羅倫斯人在完全赤手空拳的情況下卻招來上萬名法國人去圍攻比薩，這種做法給他們帶來了在任何一個奮鬥階段都沒有過的危險。君士坦丁

堡的皇帝為了對付他的鄰邦，把一萬名土耳其士兵引進希臘，戰爭結束後他們卻不走了，這就是希臘遭受異教徒奴役的開端。

所以，誰不打算奪取勝利，就請使用這種軍隊。他們要比雇傭軍危險得多，因為，他們一來，就註定滅亡了；他們萬眾一心，全部聽從另一個人的命令。但是雇傭軍有所不同，他們獲勝之後要想加害於你，需要較長的時間去尋找機會，因為他們不是一個整體，而是被你招來並由你支付報酬；統率他們的是由你指派的第三者，這個第三者不可能立即取得足夠的力量加害於你。簡言之，雇傭軍之大患只在其慵懶與懦弱，而外國援軍之大患卻在其效能。因此，明君總是拒斥這些軍隊而求諸自己的軍隊；他們寧可用自己的軍隊打敗仗，而不願用別人的軍隊打勝仗，他們認為使用外國軍隊不會贏得真正的勝利。

我要毫不含糊地舉出一個例子，這就是切薩雷·博爾賈及其作為。這位公爵依靠外國援軍——主角的全部是法國軍隊，侵入羅馬涅並奪取了伊莫拉和弗利。但後來他覺得這個軍隊靠不住，於是求諸雇傭軍以期減少風險，他僱用了奧西尼和維泰利。其間又發現他們也不可靠，心懷鬼胎且胡作非為，於是消滅了他們，轉而求諸自己的軍隊。如果我們注意一下，當公爵僅僅依靠法國人、後來又依靠奧西尼和維泰利、最後完全依靠自己的軍隊時，他的名聲各不相同，我們就很容易看出這些軍隊是多麼大相徑庭。我們發現，當人人都明白他是他的軍隊的唯一主人之後，他的聲望便與日俱增，得到了從未有過的高度尊重。

我不想撇開義大利的近況去空談，但也不應忽略前面提到的眾人之一——敘拉古的希倫。我已說過，當敘拉古人推舉他為軍事首腦之後，他立刻就發覺像今日義大利那樣雇人拼湊起來的雇傭軍是毫無益處的，這些人既難以管束又不能解雇，於是斷然採取行動，澈底消滅了他們。此後，他率領作戰的便是自己的士兵而不是外國人了。

我想提醒一下，《舊約》中的一個人物也涉及這個問題。大衛向所羅王自告奮勇，要與腓力士的挑戰者歌利亞決一雌雄，所羅王為了給他壯膽，將自己的盔甲給他披掛上陣。然而，大衛試了一下便回絕了；他說，穿戴盔甲並不能使他更好地發揮力量，他寧願使用自己的投石器和刀子去迎戰敵人。[41]總之，用別人的盔甲，不是鬆鬆垮垮，就是不堪重負，要麼就束手束腳。

法王路易十一之父查理七世，依靠命運和自己的能力從英格蘭手中解放了法

---

[41] 原文如此，事見《聖經．舊約》「撒母耳記」第十七章，略有出入。

蘭西。他意識到自己武裝自己的必要性，在他的王國裡頒行了關於重騎兵和步兵的法令。可是，他的兒子，路易國王，後來卻廢除了步兵，開始招募瑞士人。如今，實踐經驗已經顯示，這一錯誤以及隨之而來的其他錯誤，正是使這個王國落難的禍根：國王給瑞士人長了威風，卻讓自己的軍隊垂頭喪氣，因爲他完全取消了自己的步兵，同時又讓自己的騎兵依賴他國軍隊；法國騎兵逐漸習慣於和瑞士人協同作戰之後，便認爲離開瑞士人他們就不能獲勝。結果是法國要想和瑞士作對，已無能爲力，而離開瑞士人，他們也沒有膽量與他國作對。

於是，法王的軍隊便成了混合型軍隊，一部分是雇傭軍，一部分是他自己的軍隊。整體上來看，這種軍隊大大優於純粹的外國援軍或純粹的雇傭軍，但畢竟遠遠不如純粹自己的軍隊。上述情況足以說明，如果查理七世的舉措能夠得以發展和堅持，法蘭西王國將是不可戰勝的。但是，人們常常會隨意採取某些輕率的行動而不顧其中的隱患，猶如前面提到的消耗熱病。因此，一個君主如果不能洞察國家的弊病於肇始，那就不是眞正的明君，而具備這種能力的人卻是鳳毛麟角。

研究一下羅馬帝國的覆滅就會發現，其主要原因就是招募哥特雇傭兵；由此開始，帝國的勢力便不斷衰落，因爲，作爲帝國勢力之源泉的全部元氣都轉移到哥特人那裡去了。可以斷定，沒有自己的軍隊，任何君主國都將沒有安全可言；相應的，如果沒有一支能夠在危難時刻效死盡忠的力量，就只有聽天由命了。明智之士常常告誡的一個信條是：「不以自己的力量爲基礎的權力，無論它有多大的聲望，也是虛弱的、靠不住的。」所謂自己的軍隊，就是由你的國家或僕從國家的臣民或公民組成的軍隊，此外的所有軍隊都是雇傭軍或者外國援軍。

如果你能對前述原則了然於心，並且注意一下亞歷山大大帝之父腓力以及其他許多君主與共和國如何組織自己的軍隊，你將很容易悟出自己的整軍之道。我對此道篤信不疑。

十四、君主的軍務責任

一位明君，除了戰爭、戰法、戰備，不應再有其他的目標、其他的志趣，也不應以他業爲職，因爲這是身爲統帥者的唯一職業，其效用不僅能使那些生而爲君的人永保其位，而且使那些生爲平民的人能夠屢屢躍居王位。反之，一旦君主貪圖享樂、疏於軍務，則喪權之日不遠。亡國的主要原因就是輕忽這一職守，而得到一個國家的主要原因則是精於此道。弗朗切斯科．斯福爾扎專心致志地整軍經武，於是由平民而至米蘭公爵；他的子嗣卻因逃避軍務之苦而由公爵淪爲平民。

不事軍務何以能給君主帶來麻煩？首要原因就是他將由此而被人輕蔑。這是明君應當警惕的恥辱之一，後面我要作出說明。

一個全副武裝的人和一個赤手空拳的人之間沒有互惠可言，指望前者與高采烈地服從後者是沒有道理的。一個沒有武裝的君主置身於武裝的臣僕中間也不可能安之若素，因爲臣僕們會對他不屑一顧，而主子將會滿腹疑慮，雙方不可能戮力同心。所以，身爲君主而不諳軍務，除了會帶來已經談到的惡果之外，還會導致他既不會得到軍隊的尊重，也不可能去信賴軍隊。

因此，明君從不對軍事素養問題掉以輕心，而且平時的自律更勤於戰時。他會從兩個方面去做，一是行動，二是思考。關於行動，除了適當組織臣民並加以良好的訓練之外，君主自己應當勤於狩獵，以便身體適應各種艱苦條件，而狩獵的深層目的在於熟悉各種戰場的地形地貌，察看山峰谷地如何起伏，平原如何伸展，了解河流沼澤的脾性。對於這些知識，他應當瞭如指掌，因爲它們有兩種用處：首先是能充分了解自己的國土，並懂得怎樣才能更好地保衛它；其次，憑藉對各種戰場的知識和見識，能夠很容易地了解需要初次了解的其他戰場的特性。比如說，托斯卡納的丘陵、山谷、平原、河流與沼澤，與其他地區的這些方面就有著某些相似之處。因此，憑著對某個地區地勢的了解，就能很容易地認識另一地區。君主如果缺乏地理見識，他就缺乏身爲統帥所應具備的第一項素養，因爲這種見識可以告訴他如何發現敵人，如何選擇營地，如何部署兵力，如何安排作戰，如何利用優勢條件圍攻目標。

亞該亞人的君主菲洛波門，[42]有一個主要事蹟爲歷史學家所稱道：他在和平

[42] 菲洛波門（西元前二五三—前一八三），曾率領亞該亞同盟與馬其頓的腓力五世作戰，也曾戰勝過斯巴達，最後被俘處死。普魯塔克稱他為「希臘的最後一人」。

時期也是專心於戰爭方略而不顧其他。在鄉下的時候，他常和朋友們行而論道：「如果敵人出現在那座山，而我們的軍隊卻在這裡，我們占不占地利？怎麼才能保持隊形攻擊敵人？如果我們想撤退，應該如何採取行動？敵人退卻時我們又該如何追擊？」他和朋友們一起散步，向他們提出一支軍隊可能遇到的所有問題，傾聽他們的意見，也說明自己的看法，並提出理由加以論證。基於這種不懈的籌算，他在統帥軍隊時就沒有什麼應付不了的意外情況了。

但是，爲了訓練自己的頭腦，明君還應該研讀歷史，了解那些傑出人物的生平，看看他們在戰爭中如何措置，研究他們的勝敗之因，以便揚其長而避其短。尤其是，他應當像過去某些傑出人物那樣行事，選擇某個受到頌揚和尊崇的前人作爲榜樣，時時揣摩其舉動和英勇行爲，就像亞歷山大大帝效法阿喀琉斯，凱撒效法亞歷山大，西庇阿㊸效法居魯士。讀一下色諾芬所描述的居魯士生平就會看出，西庇阿以居魯士爲楷模，給自己的一生帶來多大的榮耀；而且，西庇阿的潔身自好，他的與人爲善、彬彬有禮和慷慨大度，與色諾芬筆下的居魯士幾乎如出

㊸ 西庇阿（?—西元前二一一），古羅馬軍事統帥，曾在西班牙大敗漢尼拔。

一轍。

一位明君自會不懈實踐這些方法，和平時期也絕不無所事事，而是努力利用這些時間。這樣，他在危難時期就能爭取主動，一旦命運有變，他就可以迅速反擊。

十五、人們——特別是君主，何以受人毀譽

現在需要研究一番明君對待臣民和朋友的方法與行爲了。我知道已有許多人在這個問題上著書立說，現在我又來舞文弄墨，也許會被視爲驕矜自大，因爲我討論這個問題的方法與別人大相徑庭。

我的目的是給那些能夠會心會意之士寫點有用的東西，因此必須專注於事實所顯示的問題的本相，而不應糾纏於空洞的觀念。許多人都對那些從未見過、也不知道是否實際存在過的共和國或君主國迷戀不捨，但是，人們的實際生活是一回事，而應當如何生活則是另一回事。一個人要是一味假設而把現實置諸腦後，那麼他學會的將不是如何自存，而是如何自戕；因爲，誰要執意在任何環境中都想積德行善，那麼他在眾多不善之人當中定會一敗塗地。所以，爲了保住自己的地位，君主必須學會用權而不仁，但要明白何時當仁、何時不仁。

因此，應當撇開那些想像中的爲君之道，關注一下眞實情況。我認爲，所有被評頭論足的人——尤其是高高在上的君主，都會因爲具有下列品質而載毀載譽。就是說，有人被認爲慷慨，有人被認爲吝嗇（我用的是托斯卡納地方的詞義，因爲在我們的方言中，貪婪還意味著圖謀強行掠取財物，而吝嗇是指盡可能

把自己的東西瞞而不用）；有人被認爲樂善好施，有人被認爲貪得無厭；有人殘酷無情，有人慈悲爲懷；有人言而無信，有人心口如一；有人柔弱怯懦，有人果敢強悍；有人平易可親，有人倨傲不遜；有人淫蕩好色，有人坐懷不亂；有人可信可托，有人詭詐多端；有人強硬，有人寬容；有人莊重，有人輕浮；有人嚴謹，有人多疑；如此等等。

我想人人都會同意，一個君主要是表現出上列各項堪稱優良的性格，當然就最值得稱道。但是，沒有哪個統治者能夠全部具有這些性格，或者完全據以身體力行，因爲人不可能做到這一步；他需要謹愼從事的是避免那些讓他喪權失位的惡行，而且如果能做到，則應利用某些不致喪權失位的惡行以自保，如果做不到，忽略不計就是了。他也不必因爲有些惡行會招來非議而忐忑不安，沒有它們，他就很難保住權位。仔細研究一下問題的全貌就會發現，某些狀似德行的性格，如果君主身體力行，那就成了他的劫數；某些狀似邪惡的性格，如果君主身體力行，反而會帶來安全與安寧。

十六、慷慨與吝嗇

不妨從上述第一種性格開始談起。我認爲，被人稱作慷慨是件好事。不過，一旦因慷慨而聞名，你就會身受其害；因爲，即使你明智而恰當地運用那種性格，也不再會贏得認可，甚至無法避免適得其反的罵名。爲了在人前保持慷慨的名聲，你將不得不任意揮霍，這種君主都將無一例外地因爲揮霍無度而耗盡財力；最後，爲了繼續撐持慷慨的門面，只好額外增加人民負擔，以致横徵暴斂，不擇手段地攫取財富。這將使他遭到臣民的憎恨，而且會像一個日漸窮困的人一樣，得不到任何人的尊重。由於這種慷慨使受害者衆而受益者寡，因此，災禍臨頭，他將首當其衝，危難之時則會亡於人先。假如他意識到這一點並試圖改弦易轍，又將立刻招來吝嗇的罵名。

君主利用慷慨之德行以沽名釣譽，不可能不貽害自身；既然如此，他就應慎思明辨，不要擔心落得吝嗇之名。假如他能開源節流以使收入豐盈，能防止任何人對他發動戰爭，能不增加人民負擔而建功立業，那麼隨著時光流轉，人們會越來越認識到他的慷慨；最後，他將使無數人領受慷慨之惠而無所取，只對極少數人表現吝嗇而無所予。

在當代，我們只看到那些被加以吝嗇之名的人創下了豐功偉業，其他的人則無不銷聲匿跡。教皇尤利烏斯二世雖然利用慷慨之名登上教宗之位，但後來爲了戰備，就不再爲保持這個名聲而操心了。當今的法國國王雖征戰不已，卻並未向他的人民加徵什麼苛捐雜稅，這完全是由於他的吝嗇成性使他足以負擔龐大的軍費。當今的西班牙國王如果享有慷慨之名，就不可能投身完成如此累累功績。

因此，爲了不去掠奪臣民，爲了能夠保衛自己，爲了不致陷於窮困而遭人輕賤，爲了不致被迫橫徵暴斂，明君並不在乎招來吝嗇之名，而這正是使他長治久安的惡名之一。

如果有人說：「凱撒的慷慨使他得到了最高權力，其他許多人也都因爲慷慨或者被譽爲慷慨而登極。」我的回答是：「假如你已經是君主，或者正在走向君位的途中。第一種情況下，我認爲慷慨是有害的；第二種情況下，被認爲慷慨就非常必要。凱撒是那些力求獲得羅馬君權的人物之一，但是，如果他君權在握之後想要統治下去而又不去節制靡費，那就會毀了他的無上權威。」也許會有人反詰：「率軍征戰、成就了偉大事業的許多君主，也同時享有極高的慷慨之名。」請容我作答：「君主所耗費的資財，要麼是自己的，要麼是臣民的，再就是別人的。如果是自己的，明君自會精打細算；如果是臣民的，他就不會有意忽略慷慨的表現。」對於那些率軍出國征戰，以擄掠、繳獲與敲詐維持生存的君主來說，就只能靠染指他人財產而顯示慷慨；這時他必須慷慨大方，否則他將得不到士兵的追隨。對於既非你的也不是你臣民的財富，你盡可以充當慷慨的大施主，就像居魯士、凱撒和亞歷山大那樣，因為你慷他人之慨不但無損於你的慷慨之名，反而會錦上添花。除非你耗盡了自己的財產，否則你不會受到危害。

另外，沒有什麼東西能像慷慨大方那樣速生速滅，因為你在慷慨行事的時候，也正在喪失著慷慨行事的能力；你將陷入窮困而遭人輕賤，或者為免於窮困而貪得無厭以至遭人憎恨。明君需要提防的最大危險就是被人輕賤和憎恨，而慷慨大方所帶給你的正是這種危險。因此，賢明之士寧願承受吝嗇之名，它雖招人非議但卻不受憎恨；如果非要揮金如土，則會導致巧取豪奪，這樣的名聲既招非議又受憎恨。

十七、殘酷與仁慈：受人愛戴好於被人畏懼，還是相反

現在談談前面列舉的第二組品質。我想，每一位明君都希望人們說他慈悲爲懷而不是殘酷無情。然而，他應十分注意不要濫施仁慈。切薩雷・博爾賈被認爲殘酷無情，但他那有名的殘酷卻重整了羅馬涅，給它帶來了統一、和平與忠誠。仔細觀察一下就能看出，他比佛羅倫斯人要仁慈得多，後者爲了不背殘酷之名而坐視皮斯托亞毀於一旦。[44]所以，只要能夠團結臣民，使之同心同德，明君就不必在乎殘酷無情這一罵名。他的極少數殘酷行爲，相對於過分仁慈導致邪氣橫流，乃至殺人越貨之徒蜂起而言，要仁慈得多，因爲後者通常是危害整個群體，而來自君主的極刑卻只是損及個別人。與所有其他君主不同，新生的君主不可能避免殘酷之名，因爲新生的統治仍然險象環生，正如維吉爾借狄多之口所說：

「惟艱惟難，王權甫定，勉力爲之，保疆衛土。」[45]

不過，他會慎重地甄別人心和採取行動，以免妄自驚慌，並且疑而有度、仁

---

[44] 十六世紀初，皮斯托亞發生派別爭鬥，佛羅倫斯統治者採取寬縱態度，最後導致大破壞。

[45] 引自古羅馬詩人維吉爾史詩《埃涅阿斯紀》。

而有節，不致過分信賴別人而疏忽大意，也不致過分猜忌別人而不堪其苦。

這就引起一個爭議：受人愛戴比令人畏懼更好，抑或相反？答案是最好兩者兼備。不過，由於很難同時做到，因而，如果君主要在兩者之間取捨，那麼令人畏懼要比受人愛戴更安全。因爲，一般來說，人都善於忘恩負義、反復無常、裝模作樣、虛情假意，避險則唯恐不及，逐利卻不甘人後。前面說過，你對他們恩惠有加的時候，他們似乎對你全心全意，並且在遠不需要的時候，表示願爲你獻出自己的鮮血、財產、生命和兒女；一旦你有這種需要了，他們卻掉頭而去，君主如果缺乏其他準備而完全聽信他們的表白，則必亡無疑，原因在於，依靠金錢而不是依靠偉大崇高的精神贏得的友誼，雖然付出了代價，卻難以保持，而且關鍵時刻不能指望。

人們冒犯一個自己愛戴的人要比冒犯一個自己畏懼的人較少顧慮，因爲愛戴維繫於恩義，而由於人性之惡，人們隨時都會爲了自身利益而忘恩負義；但是畏懼之心，卻會由於害怕必定降臨的懲罰而持之有恆。

然而，要想令人畏懼，明君應當這樣做：如果不能贏得愛戴，也要避免受到憎恨；因爲，令人畏懼而又不受憎恨是可以圓滿兼顧的，做到這一點並不難，只要不對公民或臣民的財產及妻女打主意就行了。如果需要除掉什麼人，應當拿出正當的理由和明確的證據。至關重要的是，不要妄動別人的財產，因爲，人們對於失去父親要比失去父親的遺產忘得更快。此外，侵奪財產從來就不乏理由，以掠奪爲生的人可以不斷發現霸占別人財物的機會；但與此相反，奪人性命的理由卻很少，而且消失得很快。

不過，如果君主置身軍中並且指揮著一支大軍，那就完全不必顧慮殘酷之名了；因爲沒有這個名聲，就無法使軍隊保持團結並勝任戰事，漢尼拔㊻最驚人的成就之一可以說明這一點：他率領一支由無數人等混合組成的大軍在外國土地上作戰，有背運的時候也有走運的時候，但無論在士兵之間還是官兵之間，居然沒有發生過內訌。這並非出於別的什麼原因，而是他那出名的殘酷無情，加上他的無限能力，使他的士兵始終感到既可敬又可畏。如果不是這樣，光靠他的其他能力就不足以產生這樣的效果。

然而，對此不加深究的史學家們，在稱頌漢尼拔的成就時卻又抨擊取得這種成就的主要原因。實際上，漢尼拔僅靠其他能力就不足以成事的結論，可以從西

㊻ 漢尼拔（西元前二四七—前一八二），迦太基統帥，率大軍遠征義大利，最後兵敗自殺。

庇阿那裡得到印證。西庇阿不僅在他那個時代，即使在已知有記載的全部歷史中都是一個少見的人物。與他離心離德的軍隊在西班牙背叛了他，原因不是別的，就是他過於心慈手軟。他給予士兵的自由大大超出了軍紀的範圍，爲此，他在元老院受到法比尤斯．馬克沁的抨擊，被稱作羅馬軍隊的敗家子。西庇阿的一名使節蹂躪了洛克里人，[47]但西庇阿既沒有給他們雪恥，也沒有懲戒那個使節的驕橫妄爲，這完全是他的寬大爲懷而使然。因此，有人就在元老院爲他辯護說，許多人懂得如何不犯錯誤，勝於懂得如何懲戒錯誤。西庇阿的聲望和榮譽使他保住了最高統帥的地位，而他的寬縱脾性也遲早會斷送他的聲望和榮譽。但由於他是在元老院的監護之下，他的這種有害脾性不僅被掩蓋了，而且還給他添了光彩。

回到被人畏懼和愛戴的問題上，我認爲，人們的愛戴之情是他們自己作出的選擇，其畏懼之心則取決於君主的選擇；明君應當儘量求諸自身而不是求諸他人。一如前述，唯須努力避免的是受到憎恨。

---

[47] 古代希臘民族，這個民族認為特洛伊戰爭中的阿亞克斯（Ajax）是他們的民族英雄。

十八、君主應如何守信

人人都知道，言而有信、開誠布公、不施詭計的君主是多麼值得讚美。然而，我們這個時代的經驗顯示，那些建立了豐功偉業的君主們卻極少重諾守信，他們懂得如何玩弄詭計，把人們搞得暈頭轉向，最後擊敗那些誠信無欺的對手而成爲勝利者。

所以，你必須明白，歷來就有兩種鬥爭方法：一是依照法律，二是運用武力。第一種適用於人，第二種則適用於獸。但是，由於前者並不總是堪當其用，君主就必須訴諸後者；因此，他應當熟知獸性和人性的應用之道。古代作者早就在使用寓言手法向君主們傳授這種品性，比如阿喀琉斯以及許多其他有名的古代君王，被交給半人半馬的怪物凱隆撫養，由他管教成人。這無非是說，既然有這樣一個半人半獸之師，君主就必須明白如何兼備人性和獸性；有其一沒有其二，就不可能長保其安。

既然君主必須善用獸性，他就應當選擇狐狸和獅子作爲比照，因爲獅子不知防備陷阱，狐狸則無力防備豺狼。因此，君主應當既是一隻狐狸以識別陷阱，又是一頭獅子以震懾豺狼。

那些只顧張揚獅威的人並不理解這一點。如果遵守諾言反而於己不利，或者原來承諾時的理由已不復存在，一位精明的統治者就絕不能也不會去信守那個諾言。假如人人都善良無邪，此言當然不足爲訓，但由於人性窳劣，如果他們並不對你守信，你就同樣無須對他們守信。一位機敏的君主從來不乏正當理由使他的背信棄義顯得冠冕堂皇。對此，我可以舉出無數近代的實例展示一下，有多少和約由於君主們的反復無常而成爲一堆廢紙，又有多少諾言由於君主們的奸詐而成爲空談。

那些深知怎樣做狐狸的人總是捷足先登，但他必須精通如何掩飾這種獸性，必須是一個偉大的模仿者和僞君子。人們如此容易輕信，如此受制於眼前的需要，以致想要騙人的君主總能找到願意被騙的人們。

我不想對新近發生的事例之一保持沉默。亞歷山大六世除了騙人之外，既無其他作爲，亦無其他用心，而且總能找到合適的角色以售其奸。從未有人能比他更加令人難忘地賭咒發誓，也從未有人能比他更加有力地保證說話算話，但是，卻從未有人能比他更加隨便地食言而肥。不過，他的騙術卻總是如願以償，因爲他對人類的這一面瞭若指掌。

事實上，君主沒有必要具備前面列舉的全部性格，但卻很有必要顯得全部具備。我甚至可以斗膽放言：如果全部具備那些性格並且身體力行，那是有害的；但要顯得兼而有之，卻是有益的。比如說，你可以顯得慈悲為懷、值得信賴、仁至義盡、清白無瑕、心地虔誠，並且還要這樣去做，但是你要作好精神準備，一旦不再需要這樣做了，你能夠做到反其道而行之。

必須明白一點：一位君主，尤其是一位新生的君主，不可能身體力行所謂好人應做的所有事情；為了保住他的地位，往往不得不悖逆誠實、悖逆仁慈、悖逆人道、悖逆信仰。因此，他必須作好精神準備，按照命運指示的方向和事態的變化而隨機應變。然而，一如前述，只要可能，他還是應當恪守正道，而一旦必須，他也知道如何為非作歹。

所以，明君應當十分小心，千萬不要讓那些無視上述五種品質的言論——哪怕是隻言片語——脫口而出，要在人們目睹其面、耳聞其言的時候，表現得那麼仁慈、那麼誠摯、那麼正直、那麼人道、那麼虔誠。相比而言，君主更有必要在表面上具備最後這項性格，因為一般人等更多的是用眼睛而不是用雙手進行判斷；每個人都能看到你，卻只有少數人能夠摸透你。人人都能看到你表面上如何，但只有少數人能夠摸透你實際上如何，而少數人是不敢反對多數人的看法的，因為後者會得到最高權威的支持。

至於人們的行為，尤其是君主們的行為，如果不能把它們提交法院進行指控，那就只有靜觀其結果了。所以，只要君主成功地征服並統治了他的國家，他所採取的手段就總是被認為恰到好處，以至有口皆碑，因為群氓總是迷惑於皮相或事情的結局，而這個世界恰恰充斥著群氓。當多數人抱成一團的時候，少數人就沒有立足之地了。

當代的某個君主——姑且隱其名號，不言其他，只顧喋喋不休地大談和平與信義，但他的所作所為卻是十足的倒行逆施。然而，要是他在其中的任何一個方面身體力行，他的聲望或權力可能就會屢屢受挫。

十九、君主應力避受到輕蔑與憎恨

關於前述各項性格，我已經談到了至關重要的那些方面，現在我想根據下面這一概說，扼要地討論一下其他性格。前文已在一定程度上闡明了這一點，就是說，凡事只要會招來憎恨與輕蔑，明君都應避而遠之。身為君主，能夠做到這一點就算盡到了本分，即使還有其他醜聞，也不至於出現什麼危險。

我已說過，最使君主招人憎恨的，莫過於貪婪成性和霸占臣民的財產妻女，君主應力戒此弊。對絕大多數人來說，只要財產不被侵奪，體面不受凌辱，他們也就心滿意足了。這樣一來，君主就可以調動各種手段與極少數人的野心進行鬥爭，很容易就能制服他們。

君主如果被認為多變、輕率、柔弱、怯懦以及優柔寡斷，他就會遭到輕蔑；對此，明君必須著意提防，猶如防備陷阱一樣。他應當努力在行動中向人們展示他的偉大、他的氣魄、他的威嚴和他的力量。他就臣民的私人事務所作出的裁斷應是不可更改的。他還應當努力培育這樣一種評價：誰都不要幻想讓他上當受騙或者矇頭轉向。

得到這種評價的君主將會深孚眾望，而陰謀反對這樣的君主就很難得逞。只要他被人民認為功績卓越並受到他們的崇敬，要想攻擊他也很難奏捷。身為君主，肯定會有兩個方面的憂慮：一是國內問題，此事與他的臣民有關；二是外部問題，事關外國勢力。對於後者，只要他有堅甲利兵和可靠同盟，就可以防備不測，而只要他有了堅甲利兵，就不難找到可靠同盟；並且，除非遭到內部的陰謀顛覆，否則，只要穩定了外部局勢，內部就會長保太平。如果君主已經像我說的那樣為人處世，即使發生外患，只要他不自餒，他就能擊退任何來犯之敵。我已說過，斯巴達的納比斯就是這樣做的。

至於臣民的問題，如果沒有外患，君主就應當用心戒備，以防他們圖謀不軌。對此，只要君主能夠免於憎恨和輕蔑，使人民心滿意足——這是他必須做到的，前文已有詳論，他就能夠確保無虞。君主對付陰謀的最強有力的手段，就是不要受到民眾憎恨，因為陰謀家總是認為，把君主置於死地就能取悅於人民；如果他意識到這樣做反而會激怒人民，他就不敢輕舉妄動，否則將會大難臨頭。經驗告訴我們，陰謀雖多，但成事者寥寥，因為陰謀家不可能獨來獨往，他勢必要到他認為心懷不滿的人們中間尋找同夥。但是他只要向一個不滿分子吐露了自己的意圖，他就給了後者一個能夠藉以得到滿足的機會，因為後者顯然可以期望從中得到各種好處。如果後者明知道利用這個機會能夠有把握獲得利益，反之則沒有把握並且充滿了風險，卻又仍然爲你保守祕密，那麼他確實是你難得的朋友，或者說，是君主的死敵。

簡言之，我認爲，陰謀分子除了心力交瘁、顧慮重重、焦躁不安和對懲罰的恐懼之外，再無長物，而君主則擁有一國之君的威嚴，擁有法律，受到朋友和國家的保護；除此之外，如果再有人民的忠心支持，那麼任何人都不可能貿然謀反。通常情況下，陰謀分子實施罪行無不提心吊膽，犯罪之後當然也是惶惶不可終日（因爲他已成爲人民的敵人），因此絕無希望找到脫逃之路。

與此有關的事例可謂不勝枚舉，不過我想，僅舉一例就足以說明問題，這是留在我們父輩記憶中的故事。麥瑟．安尼巴萊．本蒂沃利奧，波隆納君主，當今的麥瑟．安尼巴萊的祖父，被謀反的坎內斯基殺害，只遺下了年幼的麥瑟．喬萬尼。在他被害之後，人民立刻將坎內斯基家族趕盡殺絕，因爲本蒂沃利奧家族當時享有人民的忠心支持。這種支持是如此有力，以致安尼巴萊死後，雖然留在波隆納的家族中人沒有一個能夠統治這個城邦，但當波隆納人聽說在佛羅倫斯有一個本蒂沃利奧的血親，過去一直被認爲是鐵匠的兒子後，居然到佛羅倫斯把他找了回來，把城邦的統治權交給了他，直到麥瑟．喬萬尼長大能夠親政爲止。

因此，我的結論是，只要爲民心所向，君主就不必擔心什麼陰謀；一旦人民對他滿眼敵意、滿腹憎恨，則事事人人都會讓他膽戰心驚。管理有方的國家和英明的君主，無不十分注意不把有錢人逼上絕路，同時也使人民心滿意足。這對君主來說至關重要。

在我們的時代，組織得最完善、統治得最合理的王國就是法蘭西，那裡有著數不勝數的良好制度，國王的自由與安全便有賴於此。這些制度中，首要的就是議會及其權力。王國的創立者了解那些權貴們的野心和傲慢，認爲必須給他們的嘴巴套上嚼子加以約束；同時，他也知道民眾對有錢人又怕又恨。他的打算是讓這兩個階層相安無事，但不能讓這成爲國王的專門職責，以免由於袒護人民而遭到有錢人的怨恨，或者由於袒護有錢人而招來人民的怨恨。因此他設立了一個作爲第三者的裁判機構，它可以制裁有錢人，也可以袒護草民，而不致由國王來承擔罵名。對於國王和王國來說，再也沒有比這更優良、更審慎的規則，也沒有比這更安全的方法了。

由此，我們還得到另一個值得注意的啓示：明君應當把招致怨恨的事務交給別人處置，能夠令人感恩戴德的事務則親自料理。我還認爲，精明的君主既要尊重有錢人，也要不使人民產生怨恨。

看一下羅馬皇帝們的生生死死，許多人大概就會認爲，他們是一些和我的信條截然相反的事例，因爲有些皇帝終生卓爾不凡，顯示了偉大的精神品格；然而，他們不是丟了權位就是死於謀反的臣民之手。

爲了回答這類異議，我想剖析一下某些皇帝的性格以揭示他們滅亡的原因，而這些原因和我已經提到的原因並無不同；同時，我將談到一些了解那個時代所應當注意的事情。我想，列舉從哲學家馬可到馬克西米諾斯期間相繼在位的皇帝就足夠了，他們包括馬可、他的兒子康茂德、珀蒂納克斯、朱利安、塞維魯及其兒子卡拉卡利亞、馬克里諾斯、埃略加瓦洛、亞歷山大，以及馬克西米諾斯。㊽

首先應當看到，在其他君主國，統治者所要對付的只是有錢人的野心和人民的傲慢，而羅馬皇帝還有第三個難題：應付軍隊的殘忍和貪婪。這是個致命的難

㊽ 馬可（一二一—一八〇），古羅馬皇帝，一六〇—一八〇年在位；斯多葛學派的著名哲學家，著有《沉思錄》傳世。康茂德，一八〇—一九〇年在位。珀蒂納克斯，一九三年在位八十七天即死於叛軍之手。朱利安，繼珀蒂納克斯之後在位僅六十六天被殺。塞維魯，一九三—二一一年在位。卡拉卡利亞，二一一—二一七年在位。馬克里諾斯，二一七年謀殺卡拉卡利亞後繼任皇帝，次年被殺。埃略加瓦洛，二一八—二二二年在位，十八歲時被殺。亞歷山大，二二二—二三五年在位，死於軍事暴動。馬克西米諾斯，二三五—二三八年在位。

題，導致了諸多皇帝的滅亡，因爲他們不可能使軍隊和人民同時得到滿足。人民渴望安寧，因而熱愛謙和的君主；軍隊則喜歡尚武橫霸、殘忍貪婪的君主，希望他把這些性格用之於民；這樣，軍隊便能得到加倍的酬餉和貪欲的發洩管道。

由此產生的結果是，那些生來未能繼承偉大聲望或者自己沒能贏得偉大聲望的皇帝們，就沒有本錢去約束雙方，因而總是死路一條。他們中的絕大多數，尤其是驟然登基的人，面對這種勢不兩立的局面，總是盡力討好軍隊，不大在乎殘害人民。這樣做也是勢在必然，因爲君主不可能不被某些人憎恨，他應當首先設法避免任何人多勢眾的群體對他產生憎恨；如果做不到，那就應當竭盡全力避免受到最強大的群體的憎恨。所以，作爲新上臺的皇帝，由於需要得到非同尋常的支援，就總是迎合軍隊而不是依靠人民。這種做法對君主是否有利，就要看他如何保持在軍隊中的聲望了。

馬可、珀蒂納克斯和亞歷山大，無不爲人謙和，熱愛正義，厭惡殘暴，仁愛而善良；但由於上述種種原因，除了馬可之外，全都不得善終。馬可是唯一一個生前死後都享盡榮耀的人，因爲他以世襲權利繼承帝位，不必爲此而向軍隊或人民表示感激之情。後來，由於他的許多美德贏得了人們的敬重，所以他能自始至終讓這兩個階層各安本分，從未受到憎恨或輕蔑。

但是，珀蒂納克斯被立為皇帝卻是違背軍隊意願的，他們在康茂德統治時期過慣了肆行無忌的日子，現在珀蒂納克斯希望他們改邪歸正，讓他們規規矩矩地生活，他們受不了，因而產生了怨恨；加之珀蒂納克斯垂垂老矣，憎恨之外又受到了輕蔑，以致剛剛抓住權柄就遭到覆滅。

由此可知，善行也能像惡行一樣招來憎恨。因此，一個希望保住地位的君主，往往要被迫不去為善。原因在於，當你所認定的能夠給你支持的群體——無論是民眾、軍隊還是有錢人，腐敗墮落的時候，為了討他們的歡心，你就不得不順從他們的欲望；在這種情況下，善行將會招來惡報。

我們來看一下亞歷山大的情形。他的心地十分善良，有一件事使他得到了極高的讚譽：他在位十四年間，沒有一個人未經審判而被他處死。然而，由於他被人們視為柔弱無力，聽任母親的支配，因而遭到輕蔑；最後，軍隊謀反並殺害了他。

現在談談另一面，即康茂德、塞維魯、卡拉卡利亞的性格，你會發現他們全都殘忍無道、貪婪成性，為了使軍隊得到滿足而不惜一切地殘害人民。除了塞維魯之外，他們全都落得了悲慘的下場。塞維魯具備足夠的能力使軍隊成為他始終不渝的朋友，儘管他壓迫人民，但卻成功地維持了統治。在軍隊和人民心目中，他那些偉大的性格實在非凡卓著，以致人民似乎一直對他望而生畏、茫然無措，而軍隊則對他恭恭敬敬、心滿意足。

作爲一個新君主，這個人的行動非常傑出。我想簡要說明一下他是多麼善於扮演狐狸和獅子這兩種角色，一如前述，這兩種角色是君主必須效法的。

塞維魯意識到，朱利安皇帝已經毫無用處，便說服自己所統率的伊利里亞駐軍，使他們相信到羅馬去爲珀蒂納克斯復仇是正當的——珀蒂納克斯已被禁衛軍殺害。他打著這個幌子率軍向羅馬挺進，並未流露出篡奪帝國的野心。當人們知道他出發的消息時，他已到了義大利。抵達羅馬之後，元老院害怕了，把他選爲皇帝，朱利安被殺。

有了這個開端，他統治整個帝國還有兩個障礙：一個在亞洲，擔任亞洲駐軍統帥的佩森尼奧·尼格羅已在那裡自行稱帝；另一個在西方，正在那裡執政的阿爾比諾也在覬覦帝國。塞維魯知道，公開與他們同時爲敵是危險的，於是決定攻擊尼格羅，哄騙阿爾比諾。他寫信給後者說，他已被元老院選爲皇帝，願意和阿爾比諾分享這一殊榮；經元老院批准，特向阿爾比諾授予凱撒稱號，封爲同袍。對此，阿爾比諾信以爲眞。塞維魯擊殺了尼格羅，穩定了東方的局勢之後，回到羅馬就向元老院提出指控說：阿爾比諾對他以怨報德，企圖殺害他；爲此，他將不得不懲罰阿爾比諾的忘恩負義。然後，塞維魯攻擊了駐在高盧的阿爾比諾，一併剝奪了他的權位和性命。

細看一下塞維魯的行爲就會發現，他既是一頭十分凶猛的獅子，又是一隻極爲狡猾的狐狸；他得到了每個人的敬畏，卻沒有被軍隊所憎恨。我們也不必驚訝像他這樣一個暴發戶竟能統治如此巨大的一個帝國，因爲他所享有的崇高聲望，總是能夠抵消他對人民的掠奪行爲所招致的憎恨情緒。

他的兒子卡拉卡利亞也是一個具有最高貴品格的人。他在人民眼中可敬可佩，他使軍隊意氣風發。此人驍勇強悍，完全耐得住任何艱難困苦；他鄙薄一切珍饈美味和奢侈品，這使他贏得了全體軍人的愛戴。然而，他的凶暴殘忍卻是那麼肆無忌憚、聞所未聞。他殺人無數，後來竟屠殺了羅馬的大部分居民和亞歷山大的全部居民，這使他成了全世界最可恨的人，甚至伴隨他左右的人也爲之驚恐不安。終於，他被軍中的一個百人隊長得而誅之。

由此事可以看出，像這種蓄意製造的謀殺，君主很難避免，因爲只要不怕死，誰都可以加害於他。但君主不必過於擔心，這種事情非常罕見，只要不去嚴重傷害侍從和在他左右爲國效力的人就行。而卡拉卡利亞就未能做到這一點，他百般凌辱了那個百人隊長的弟弟之後又殺了他，並且日復一日地恐嚇那個隊長本人，卻又讓他繼續擔任禁衛。事實說明，這眞是一種愚魯而致命的做法。

再來看看康茂德的情形。他作爲馬可之子而享有世襲權。本來他只需踏著其父的足跡往前走，並且使軍隊和人民相安無虞，就能從從容容地保有這個帝國。然而，他秉性殘忍橫暴，爲了魚肉人民，他對軍隊恩寵有加，縱容他們無法無天。同時，他還不顧應有的尊嚴，常常跑到劇場與角鬥士競技，並且留下了其他一些卑劣行跡，實在不配爲帝國至尊，因而在軍隊眼中變得一文不值。由於他既受憎恨又被輕蔑，終於遭到陰謀反對而斃命。

現在要談的是馬克西米諾斯的性格。此人好戰成性。前面說過，軍隊反感亞歷山大的柔弱無力而殺了他，然後把馬克西米諾斯推爲皇帝。他的好景並不長，因爲有兩件事使他既受憎恨又被輕蔑：一是出身微賤，曾在色雷斯牧羊（此事盡人皆知，使他在每個人心目中都喪盡了尊嚴）；另一件事是他即位之初並不急於到羅馬占據皇帝的寶座，而是操縱羅馬及各地的行政長官幹下了諸多暴行，這使他以殘暴過人而聞名。結果是，全世界都對他的卑賤出身不屑一顧，並且由於害怕他的殘暴而生出了憎恨之情。於是，非洲率先造反了，然後是元老院帶領全體羅馬人民、最後是全義大利合謀反對他，甚至他的軍隊也參加了進來。他們在圍攻阿奎萊亞時，由於久攻不克而遭到他的虐待，但他們已經看出他樹敵太多，因而不再對他心懷恐懼，最後殺死了他。

至於埃略加瓦洛、馬克里諾斯及朱利安，我不想再說什麼了。他們遭到了普遍的蔑視，很快就被置於死地，但是最後我想說：我認爲，從某種程度上來說，我們時代的君主要想遏制軍隊漫無邊際的欲望，不像過去那麼困難。雖然也要擔心軍隊的不滿，但卻能夠迅速解決這一問題，因爲，現代君主並不像羅馬皇帝那樣擁有與政府和地方行政當局共生共存的常備軍隊。如果說，那時的統治者必須讓軍隊比人民得到更大的滿足，是因爲軍隊比人民更有力量，那麼，現代的所有君主——土耳其皇帝和蘇丹除外，則必須讓人民比軍隊得到更大的滿足，因爲如今是人民更有力量了。

我之所以把土耳其皇帝排除在外，蓋因他始終維持著一萬二千名步兵和一萬五千名騎兵；他的王國的安全和實力就是依靠他們，因而必須和軍隊保持良好關係，其他所有問題均在其次。同樣，蘇丹的王國也是把握在軍隊的股掌之中，他也必須和軍隊友好相處而對人民滿不在乎。

應當注意到，蘇丹的統治不同於所有其他的君主國；它類似於教皇國，既不能稱作世襲君主國，也不是什麼新生的君主國。舊君的後裔並不是舊君的繼位者，不能靠繼承而統治；新君則是由法定的選舉人選舉產生。這種制度由來已久，沒有新生君主國所面臨的那些麻煩；雖然君主本人是新人，但國家的制度是悠久的，因而能像對待世襲君主那樣接受他的統治。

回到眼前的主題上，我認爲，只要關注一下以上討論的內容就會看出，是憎恨或者輕蔑導致了前述皇帝們的滅亡；而且，如果把他們有些人劃爲一類，有些人劃爲相反的一類，你就會明白，爲什麼在各類的作爲中，只有一個皇帝善始善終，其餘的都不得好死。對於珀蒂納克斯和亞歷山大來說，身爲新君而試圖仿效以繼承權得到統治地位的馬可，不但徒勞無益而且深受其害。同樣，卡拉卡利亞、康茂德及馬克西米諾斯模仿塞維魯，則是危乎殆哉，因爲他們沒有足夠的能力步其後塵。

因此，新生君主國的新生君主，既沒有可能仿效馬可的作爲，也沒有必要照搬塞維魯的行徑；但他應當多少使用一些塞維魯的手段，這對於建立統治是必要的；同時，也應多少借鏡馬可的方法，這對於長治久安是有利的，也是增添光彩的。

二十、堡壘以及君主採取的種種日常對策之利弊

有些君主爲了牢固地統治國家而解除了臣民的武裝，另一些君主則是將各個城邦分而治之；有些君主四面樹敵，另一些君主則努力爭取最初擔心其統治的人們的支持；有些君主大建堡壘，另一些君主則毀棄堡壘。至於君主應當採取哪些措施爲宜，如果不去了解有關國家的具體情況，要想作出最終判斷是不可能的。不過，我想就現有的材料一般性地談一談。

從來沒有哪個新生的君主會解除臣民的武裝。相反，當看到他們赤手空拳的時候，總是把他們武裝起來；而一旦把他們武裝起來，他們也就成了你的武裝。這樣一來，過去讓你擔心的人會變得忠誠，原本就忠誠的則會忠誠不渝；他們將不再是你的臣民，而是你的堅定支持者。當然，你不可能把全體臣民都武裝起來，如果讓那些武裝起來的臣民感受到你的偏愛，你就可以有把握地對付其他人，因爲前者會感激這種差別待遇而爲你盡心盡力；後者則會諒解你，因爲他們會意識到，那些冒著更大危險、承擔更大責任的人們，理應獲得更多的酬報。

然而，一旦你解除了他們的武裝，則立刻就會觸怒他們；因爲，這顯示你認爲他們膽怯或不忠而不再信任他們，而這兩種看法都將招致對你的憎恨。況且你

不能沒有武裝，否則便只能求諸雇傭軍，而他們的性質已如前述；即使他們靠得住，也不可能有足夠的力量保護你免於強大的敵人和險惡的臣民的威脅。因此，正如我說過的，新生君主國的新生君主始終會致力於整軍經武，這種事例在歷史上比比皆是。

君主得到一個新國家，宛如舊體接上新肢，必須解除這個國家的武裝。但在你征服它時已經是你黨羽的人除外，即使對他們，也要在適當時候把他們調理得柔弱無力；同時，必須妥善安排，使這個國家的全部武器統統掌握在緊緊跟隨你的故國軍隊的手中。

那些被叫做賢哲的前人們有個習慣說法：統治皮斯托亞靠黨爭，統治比薩靠堡壘。出於這種考慮，他們在一些城邦中不停地製造事端以便更容易統治。在義大利處於相對穩定狀態的時候，這種辦法倒不失為一個良策；但我不相信它在今天仍能被當成什麼好主意，因爲我不相信分裂有什麼好處。恰恰相反，一旦兵臨城下，那種內部分裂的城邦總是立刻滅亡，因爲較弱的一派總是投靠外國軍隊，其餘的便無力抵抗了。

我認爲，正是出於上述那種考慮，威尼斯人在臣屬的諸城邦培植了格爾夫和吉貝林㊾兩派勢力；雖然沒有讓它們的對立發展爲流血的對抗，但卻在公民中間造成了如此深刻的歧見，以致相互之間沒完沒了地爭吵，不可能團結起來反對威尼斯。然而，我們已經看到，這樣做的結果並沒有使威尼斯人得到好處。在維拉戰敗之後，這些城邦中的一些人立刻鼓起勇氣，把他們的全部領土從威尼斯手中奪了回來。

所以，採取這種措施顯示了君主的統治力不從心，因爲一個強有力的君主國絕不會縱容這樣的分裂；它只在和平時期有利於比較從容地管制臣民，而在戰爭時期就顯得荒誕不經了。

毫無疑問，君主克服了迎面而來的障礙和反抗，就會變得強而有力。因此，尤其當命運要使一位新君主——他比世襲君主更加需要博取盛名，日益強大的時候，就給他製造一些敵人並促使他們反對他，以便能夠有機會戰勝他們。這等於是踩著敵人給他的梯子步步高升。因此，許多人認爲，明君只要抓住機會，就應

㊾ 中世紀義大利兩個敵對政治派別的名稱。格爾夫派同情教廷，吉貝林派同情神聖羅馬帝國，兩派的對立造成義大利各城邦間的長期鬥爭。到十四世紀，兩派的重要性迅速下降，僅指地方的派系。

當巧妙樹敵並將其打倒在地，從而使自己的權勢更為巨大。

君主們——尤其是新生的君主們，往往會發現，他們在開始統治時所認為的危險人物，會比最初受到信任的人更為忠誠、更有幫助。錫耶納君主潘多爾福·彼得魯奇㊿的統治，就是更多地得助於曾讓他擔驚受怕的人，而不是其他人。但在這個問題上不能一概而論，需要因地制宜。我要說的只是，有些人雖然最初可能是敵人，但他們如果需要得到君主的支援以保住地位，那麼新統治者就能夠輕而易舉地把他們爭取過來；而他們也會明白，必須用自己的行動來消除君主對他們的有害判斷，因此不得不盡忠侍奉。於是，君主從他們那裡得到的益處往往多於其他人，而後者抱著太多的安全感侍奉君主，往往會對君主的事情漫不經心。

此外，由於事關緊要，我不得不提醒那些由於得到內應而征服了一個新國家的君主，應當仔細考慮一下是什麼原因促使那些幫助他的人充當內應。如果這不是出於對君主的自然愛戴，而只是由於對前政府不滿，那麼，新君主要想和他們保持友誼將會疲累不堪，並且十分困難，因為要使他們心滿意足是不可能的。以

㊿ 潘多爾福·彼得魯奇（一四五二?—一五一二），義大利商人兼政治家，一四八七年後成為錫耶納的真正霸主，捲入法國和西班牙在義大利半島的政治鬥爭，縱橫捭闔，影響甚著。

古代和近代的實例爲鑒，用心思考一下之所以如此的原因，君主就能明白：對前政府感到滿意而成爲他的敵人的人，要比那些對前政府不滿而成爲他的同盟並且幫助他擊敗了前政府的人，更容易成爲他的朋友。

爲了更牢固地統治自己的國家，君主們習慣於構築堡壘，把它作爲嚼子和韁繩，用以對付那些企圖反抗的臣民，同時也用作防備突然襲擊的避難所。我很贊成這個辦法，因爲它已沿用了若干世紀。然而，事到如今，麥瑟·尼科洛·維泰利卻爲了統治卡斯泰洛城，拆除了這個城邦的兩個堡壘。烏爾比諾公爵圭多·烏巴爾多[51]返回他的領地——切薩雷·博爾賈曾經把他從那裡趕了出去，之後，拆毀了環繞那一地區的全部堡壘；他認爲，沒有它們就不太可能再度喪失他的公國。本蒂沃利奧收復波隆那之後也採取了同樣的措施。

顯然，堡壘是否有用要看時勢如何，某種情況下對你有利，另一種情況下就可能有害。現在可以這樣作出結論：明君如果害怕人民更甚於害怕外國人，他就會構築堡壘；如果害怕外國人更甚於人民，則會拒絕堡壘。弗朗切斯科·斯福爾

---

[51] 一五〇二年成為錫耶納統治者，一五〇三年被逐，後得法國支持而復位。

扎興建的米蘭城堡，不旦已經並將繼續帶給斯福爾扎家族的危害，更甚於那個國家的任何其他不良舉措。總之，最牢不可破的堡壘就是你的臣民不恨你。即使你擁有了堡壘，如果人民對你憤恨不已，堡壘就保護不了你，因爲一旦人民拿起武器，那就絕不缺乏外國人的援助。

在我們這個時代，沒有哪個統治者還能得益於堡壘。只有弗利伯爵夫人在丈夫吉羅拉莫伯爵被殺之後的情況例外，她的城堡使她逃脫了平民的攻擊，藉以等待來自米蘭的救援，最後重獲權位。原因在於，當時當地，她的臣民未能得到外國人的幫助。但是後來，當切薩雷·博爾賈向她發動進攻、懷有敵意的人民同外國人聯手作亂的時候，她就發現她的堡壘不堪其用了。所以說，假如當時或者再早一些，她沒有遭到人民憎恨，那就比擁有堡壘安全得多。

有鑒於上述種種，我要稱讚那些興建堡壘的君主，也要稱讚不建堡壘的君主，但我要譴責那些依賴堡壘而視人民的憎恨無足輕重的君主。

二十一、君主應如何作爲以贏得崇敬

能使君主贏得高度評價的莫過於偉大事業和非凡舉動。我們這個時代就有一個範例：阿拉貢的斐迪南，即當今的西班牙國王。他幾乎可以被視爲新生的君主，因爲他以自己的聲望和榮耀，從一個微不足道的統治者一躍而爲基督教世界首屈一指的國王。看看他的行跡就會發現，那都是些出類拔萃、有些還是高不可攀的作爲。

他在即位之初就攻擊了格拉納達，這項事業奠定了他的權力基礎。首先，他全力以赴，不畏艱難，使桀驁不馴的卡斯蒂利亞貴族們專注於入侵格拉納達，讓他們一心作戰而顧不上反叛；就在貴族們不知不覺之間，他獲得了崇高的聲譽並制服了他們。來自教廷和人民的資金使他得以供養軍隊，並在長期戰爭中爲他的軍事組織奠定了基礎，由此給他帶來了榮譽。另外，爲了實現更加宏偉的目標，他不斷利用宗教口實採取橫暴行動，對馬拉諾[52]窮追不捨，直到把他們全部趕出了王國。在人們的記憶中，沒有比這更可鄙、更不尋常的行徑了。他披著同樣的

[52] 西班牙歷史名詞，特指為了逃避迫害而改信基督教，但私下仍奉行猶太教儀式的猶太人。

宗教外衣入侵了非洲，然後著手征討義大利，不久前又進攻法國。他總是這樣，做完一件大事便又籌劃另一件大事，讓臣民應接不暇、不知所終，每當看到結果則又目瞪口呆。這些行動一個接著一個，此一行動和下一行動之間不留一點空隙，人民沒有任何喘息的機會能被利用來反對他。

在處理內部事務方面突出展示自己的能力，對君主也是極有幫助的，就像傳說中米蘭的麥瑟·貝爾納博的作爲一樣。因此，只要有人在城邦生活中顯出什麼不同尋常的表現——無論是好是壞，君主就應抓住這個機會給那人以獎賞或者懲罰，這肯定會吸引人們大發議論。尤爲重要的是，君主應當努力用自己的行動博取才智超群的強者之名。

另外，當君主是眞正的朋友或眞正的敵人時，就是說，當他毫無保留地成爲某個君主的盟友而反對另一個君主時，他也會受到尊重。採取這種方法往往比保持中立更有好處，因爲，一旦你的兩個鄰國兵戎相見，就會出現兩種情況：要麼它們都很強大，無論哪一方獲勝，你肯定將對那個勝利者感到憂心忡忡；要麼它們都不算強大。不管是哪種情況，你如果公開地眞正參戰，總是利莫大焉。在頭一種情況下，如果你不公開參戰，你就會成爲勝利者的犧牲品。對此，戰敗者也將感到高興和滿足，而且你還提不出應當得到別人庇護的理由，也沒有人會向你提供庇護，因爲勝利者不需要這種不可信賴、逆境時不肯伸一把援手的盟友；失敗者更不會給予你庇護，因爲你過去不願拿起武器和他共命運。

安條克曾經應埃托利亞人之請進入希臘以驅逐羅馬人，他派遣使節到羅馬人的朋友亞該亞人那裡，鼓動他們保持中立；同時，羅馬人則力勸亞該亞人爲他們拿起武器。此事被提交亞該亞會議討論，安條克的使者在那裡慫恿他們保持中立，羅馬的使者針鋒相對：「這些人喋喋不休，讓你們不要參戰，這與你們的利益不啻雲泥；如果沒有友誼，沒有尊嚴，你們將成爲勝利者的戰利品。」

不是你朋友的人，總是要求你保持中立；是你的朋友，則會要求你拿起武器公開亮相。然而，優柔寡斷的君主爲了避免當前的危險，卻總是因循中立，因而總是死路一條。如果君主挺身而出，充當一方的有力支持者，你們的同盟獲勝之後，儘管勝利者有權有勢，你要聽從他的支配，但他卻對你負有義務，並將更加愛護你，而且人們也絕不會不知羞恥地硬把一個忠實的追隨者當作忘恩負義之徒而加以摧殘。況且，從來就沒有如此純粹的勝利，以致能夠允許勝利者完全無視良心，特別是無視正義。即使你所支持的統治者失敗了，你也會得到他的庇護；只要有能力，他還會幫助你；如果他有幸東山再起，你就是命運的助手。

在第二種情況下，亦即交戰雙方都很弱，無論誰占上風你都無須害怕時，你應當更加愼重考慮支持哪一方；因爲你是在利用一方的幫助去打倒另一方，如果前者明智的話，他有可能會保護後者。如果他獲勝，他將處於你的支配之下；而有了你的幫助，他當然會成爲贏家。

由此可知，明君應該意識到，絕不要爲了進攻別人而成爲一個比自己更強大的君主的盟友，除非迫不得已。前面已經說過，即使你獲勝，你也會成爲強國的囚徒，明君應當盡其所能，避免被他人操控。威尼斯人與法國結盟對付米蘭公爵，結果自取滅亡，而本來他們是可以避免這種同盟的。如果君主不可能避免結盟，就像教皇和西班牙出兵進攻倫巴底時的佛羅倫斯人一樣，那就應當按照上述準則行事。

無論怎樣進行統治，絕不要相信它能萬無一失；相反，應當設想它只是一條吉凶未卜之途，因爲事物有它的一定之規：我們在盡力逃避一種危害的時候卻往往陷入另一種危害。善斷之謀在於能夠意識到各種危害孰輕孰重，取其最輕者即爲上策。

明君還應禮遇才俊，褒揚任何技藝超群之士，以顯示自己愛好藝術與科學。此外，應當使公民得到鼓勵，讓他們確信在商業、農業及其他各方面能夠安心從業，不致因爲害怕被剝奪而不願增殖財富，也不致因爲害怕苛捐雜稅而不願開辦產業。進而言之，君主應當隨時獎掖那些致力於實業的人，以及想方設法以更充足的資源來發展城邦和供奉君主的人。

另外，應在每年的適當時間召集人民舉行慶典，觀賞演出。由於每個城邦都有各種行會或集團，君主應當承認這些群體，不時地和他們會面，以身作則，顯示你的平易近人和雍容大度——但一定要始終保持居高臨下的尊嚴，這在任何時候都是不可忽略的。

二十二、君主的近臣

對君主來說，選任大臣甚爲緊要，他們是否賢能可以說明君主是否英明。人們對統治者的頭腦進行評價時，第一件事便是觀察他的左右；如果這些人勝任其職並且忠心耿耿，君主即堪稱明達，因爲這說明他意識到了這些人的能力並使其忠誠不二。如果不是這樣，君主往往就會受到貶損之議，因爲他所物色的這些謀臣顯示出他已犯下了第一個錯誤。

知道錫耶納君主潘多爾夫·彼得魯奇的大臣，韋納夫羅的麥瑟·安東尼奧的人，無不認爲潘多爾夫才智超群，就是因爲他把麥瑟·安東尼奧用爲大臣。人的頭腦有三種類型：一類是無師自通，另一類則需要別人指點，第三類既不能自通，別人也指點不通。第一類自是出類拔萃，第二類也堪稱優良，第三類則毫無用處。因此，確鑿無疑的是，潘多爾夫的頭腦即使不是出類拔萃，也是堪稱優良，因爲任何君主都能判定一個人的言行之優劣。就算君主沒有自己的創見，他也能夠鑑別大臣的行爲之賢窳，從而獎勵賢能、懲戒窳劣；這樣，大臣就不可能心存欺君之念，唯是賢能。

那麼，君主怎樣才能識別大臣呢？有一個辦法可謂屢試不爽：如果你發覺大臣爲己謀甚於爲君謀，並且凡事都要從中謀求自身的利益，那麼這種人絕非良臣，你也絕不能信賴他；因爲你的存亡都操在他的手裡，他本該只爲君謀而不爲己謀，並且絕不應該讓君主操心同君主毫不相干的事情。但另一方面，爲了使大臣長保賢能，明君應當始終給予關懷，給他榮華富貴，使他感恩戴德，讓他分享榮譽、分擔職責。這樣他就會明白，要不是蒙君主恩典，他不可能有此殊榮；而且他的榮華已使他無須再思榮華，他的富貴也使他無須再求富貴，他的職責更使他唯恐有變。就大臣而論，如果他能和君主建立這樣的關係，他們就會坦誠相見，否則彼此都將身受其害。

二十三、君主應擯棄諂媚之徒

我不想忽略一個重要問題，對此，如果君主不加小心或者不能擇善而從，他將難免鑄成大錯。這就是來自阿諛之徒的危險，而這種人在朝中比比皆是。人們對自己和自己的所作所爲極易自滿自足，也很善於自欺，從而很難戒備這種阿諛之災；一旦君主想要加以戒備，反而會招來被人輕蔑的危險。

除非人們知道不會因爲實話實說而獲罪，否則沒有其他辦法能夠防止人們的阿諛逢迎；可是，一旦人人都能對你實話實說，你得到的尊敬就會越來越少。所以，一位精明的君主會採取第三種辦法：選用一些有識之士，單獨給予他們對他實話實說的自由權，不過只限於他所要求知道的事情而不論其他。但是，他應當事事過問並聽取他們的意見，然後，在他們的建議基礎上，按照自己的意志作出決定；而且，他的爲人應當使每個諫議之士都意識到，誰更加坦率直言，誰就更受賞識。除了這些諫議之士，君主對他人的言論可以充耳不聞。決定了的事情就要照辦，君主的決定應當是不可改變的。假如不是這樣去做，他將要麼毀於諂言佞口，要麼毀於胸無定見，結果是爲人所不屑。

關於這個問題，我想提醒注意一個當代的實例。當今皇帝馬克西米利安[53]的心腹盧克神父在談及陛下時曾說，他從不向任何人提出諮詢，卻從未按照自己的意願行事。這是他與上述方法背道而馳的結果，因為皇帝一向遮遮掩掩，既不對人吐露自己的打算，也不徵詢別人的意見，直到付諸行動之後才為人所知。而一旦遭到左右的反對，卻又輕易改弦更張，所以常常是朝令夕改，誰也不知道他究竟想些什麼、打算做些什麼。他的決定根本就靠不住。

因此，明君總是勤於求諫，不過應當是在他本人願意而不是別人願意的時候。另外，對於無須求諫之事，要讓每個人都沒有膽量多嘴多舌。然而，他應當寬容大度，對所詢之事要耐心傾聽真話；如果察知有人未能據實稟告，不管出於什麼原因，都應勃然大怒。

許多人都認為，某些贏得精明之譽的君主，其所以如此，並非得自他們本人的天賦，而是由於良臣侍於左右。我要說，毫無疑問，此言謬矣。這裡有一個顛撲不破的通則：君主本身不明，就不可能獲得良諫；除非他確實運氣好，把自己

---

[53] 指馬克西米利安一世（一四五九—一五一九），德意志國王（一四八六—一五一九年在位），一五〇八年被教皇尤利烏斯二世授予神聖羅馬帝國皇帝稱號。

託付給某個極爲足智多謀的人，從而完全言聽計從。在這種情況下，倒是眞能得到錦囊妙計，但是好景不會太長，因爲那個軍師用不了多長時間就能篡奪他的權位。而且，如果君主不明，當他不只聽取一人的諫議時，就絕不會聽到一致的意見，他本人也不會懂得如何使它們保持一致。結果，謀士們各懷心思，君主卻無力駕馭或不知所從。除非驅使謀士們必須爲賢爲能，否則他們終將會流於窳劣，餘此無它。

因此可以斷定，不論來自何人的良諫，必定源於君主的明達，而不是君主的明達源於什麼人的良諫。

二十四、義大利的君主們何以喪國

前述各端若能用心體察，新君也能宛如舊君，其權位很快就會比世襲權位更加安全、更加穩固。新生君主的行動會比世襲君主受到更加密切的關注。如果這些行動展示了力量和賢明，他就能比世襲家族更有力地抓住人心，能把他們更緊密地攏在他的周圍，因爲當前的事情總是比過去的事情對人們的影響更大。如果在當前的條件下能夠蒸蒸日上，他們就會心滿意足而別無他求。事實上，如果新君主沒有其他的失策之處，人們將會竭盡全力保衛他。由於他開創了一個新君主國，並且以良好的法律、良好的軍隊、良好的榜樣使它繁榮強盛，他將獲得加倍的榮耀。相反，一位世襲君主由於缺乏智慧而喪國，則會蒙受加倍的恥辱。

如果看一下我們這個時代那些喪權丟位的義大利統治者，比如那不勒斯國王、米蘭公爵等等，我們就會發現，根據前面已經討論過的道理，他們首先是在軍隊問題上犯了一個共同的錯誤。其次，我們看到，他們當中的某些人，要麼是遭到了人民的敵視，要麼是儘管得到了人民的贊助卻又未能避免有錢人的反對。如果沒有這些敗筆，只要有足夠的力量維持一支能夠馳騁疆場的軍隊，君主就不至於亡國。

馬其頓的腓力——不是亞歷山大之父，是被提圖斯·昆提尤斯打敗的那個人[54]——的力量並不足以抗衡向他進攻的羅馬人和希臘人這兩個龐然大物。但他是個勇士，而且他知道如何與人民和睦相處、如何防止有錢人爲患，因而能夠多年堅持抗擊入侵者；儘管丟了幾個城邦，卻保住了他的王國。

因此，我們那些享國多年而最終亡了國的君主，不應去抱怨命運，而應抱怨自己的庸碌無能。他們在順境時從不考慮可能發生的變化（風和日麗時就忘了可能還有暴風驟雨，此乃人之通病），一旦身陷逆境便只顧奔逃而不思自衛，卻又盼望在征服者淫威下的人民有朝一日請他們回來復辟。

如果別無他途，這個主意倒也不錯，但要放棄努力而坐待其成，那可就糟透了。你絕不應當因爲相信總會有人幫你復辟而甘於失敗，那種情況要麼不會出現，要麼即使出現也不會給你帶來安全，因爲這是懦夫的招數，而不是自力更生的謀略。只有立足於自信、自立，才是可靠的、確鑿的、持久的。

---

[54] 指腓力五世。

二十五、人事中的命數以及如何對抗命運

我很清楚，許多人一向都認爲，而且現在仍然認爲，命運和上帝支配著人類事務，人的智力則不敷應用——是的，人們沒有太多的辦法對付世界的變化。持有這種信念的人斷定，無須在人事上操心費力，但由命運撥弄便是。這種信念在我們這個時代顯得尤爲可信，因爲，我們過去已經看到的以及現在仍然常見的滄桑巨變，都遠遠超出了所有人的意料。考慮到這些變遷，我自己也不時地在一定程度上對這種信念肅然起敬，然而，爲了不致抹殺我們的自由意志，我認爲實際情況是這樣的：命運主宰了我們一半的行動，另一半或者不足以到一半，則留給我們自己做主。

我把命運比作我們那些毀滅性的河流之一，當它發怒的時候，便能化平原爲澤國，使樹倒屋塌，使沃土流失；洪水襲來則人人奔逃，無不任其肆虐，毫無還手之力。然而，我們不能因此就斷定，天清氣朗的時候人們不能築堤開渠加以防備；一俟再有水至，可使順渠而洩，不致怒不可遏而氾濫成災。命運之行跡如出一轍。在我們尚無抵抗的準備時，它就會炫耀自己的實力和智慧；它知道哪裡沒有堤壩溝渠的束縛，可以任它肆意橫行。

面對義大利——既是滄桑巨變的舞臺，又是滄桑巨變的動力——你就會發現，它是一片既無溝渠也無堤壩的曠野。如果它有日爾曼、西班牙和法蘭西那樣充足的實力和智慧築堤防護，那麼洪水就不會造成現在這樣的巨變，或者不會那麼突如其來。我想，如果需要一般地談談與命運抗衡的問題，這些就足夠了。

現在作一點具體的分析。我認爲，我已經談到的那些今天還坐享安樂、明天卻落荒而逃的君主，其稟性或習性並無變化。我相信，其所以如此，首先在於前面已有詳論的那些原因，就是說，如果君主完全依賴命運，那麼一旦命運有變，他也就完了。我還相信，如果能夠與時俯仰，君主就會如願以償；相反，如果不恤時宜，只能事與願違。

人們的目的就是追求榮耀與財富；在這項事業中，人們的行爲方式會各有不同，有的小心謹慎，有的急躁魯莽；有的使用暴力，有的玩弄技巧；有的忍辱負重，有的快意恩仇，而所有採取這些不同方式的人都可以達到各自的目的。

我們也能看到，兩個同樣謹小愼微的人，卻會一個如願以償，一個徒勞無功；而兩個習性不同的人，一個謹慎，一個急躁，卻能同樣獲得成功。這裡沒有別的原因，全在於他們的做法是否合乎時宜。我已說過，由此帶來的結果是，兩人各行其是卻能獲得同樣的成果，而兩人同蹈一轍卻會一個成功、一個失敗。決定成敗的關鍵在於，如果一個人小心行事、能忍能屈，而時勢的發展又顯示他的做法適逢其會，他就能一帆風順；如果時勢一變，他就落花流水，這說明他未能做到因勢利導。

任何一個謹小愼微的人都不會懂得如何隨機應變，因爲他的習性使他不可能脫離走慣了的老路，也因爲這條老路已使他功成名就，所以不可能說服他改弦易轍。因此，一旦需要採取迅猛行動的時候，謹小愼微的人就會不知所措，只有落荒而逃。不過，假如他的習性能夠順應時勢的變化，命運就不會變幻無常。

教皇尤利烏斯二世在所有事務上都是疾行猛進，他發覺時勢恰恰需要他的這種行爲方式，因而總是卓有成就。請看一下他在麥瑟．喬萬尼．本蒂沃利奧還活著的時候對波隆納發動的第一次征戰。威尼斯人對此並不贊成，西班牙國王也不以爲然；尤利烏斯便商請法國進行這場征戰，而且，他幹勁十足，迅猛出擊，親自出征參戰。這一行動使西班牙人和威尼斯人不知所措、目瞪口呆，後者是由於惶恐，前者則是擔心重獲整個那不勒斯王國的希望化爲泡影。另一方面，教皇之所以能把法王拖過來跟他走，是因爲法王意識到，既然尤利烏斯已經展開行動，並且希望教皇成爲朋友以便讓威尼斯人俯首貼耳，那麼除非公開得罪教皇，否則就不能拒絕向他提供軍隊。於是，尤利烏斯以迅雷烈風之勢完成了這一行動，這是任何其他教皇——即使具有人間的絕頂計謀——都做不到的。如果他也像其他教皇那樣總是等到萬事俱備、萬無一失之後才離開羅馬，他就不可能成功，因爲法王可以拿出一千條推託之辭，而威尼斯人也會因爲對他萬般憂慮而奮起抗爭。我想，他的其他功績就不必多說了，它們全都如出一轍，而且全都卓有成效。他的生涯苦短，還沒來得及讓他體驗相反的經歷；如果時光流轉到他不得不小心從事的時候，他也就完了，因爲他絕不會放棄他天生就喜歡使用的那些辦法。

既然命運有變時，人們仍要一意孤行，那麼我認爲，只要他們能和命運密切共處，那就是成功；如果與命運脫節，就只有失敗。我確信，勇猛勝於謹慎，因爲命運是個女人，要想制服她就必須對她大打出手；她往往更願折服於使用這種手段的人，而不是折服於羞怯膽小的人。所以，和女人一樣，命運總是與青年爲伍，因爲他們較少謹小慎微，較多勇猛果敢，能夠更加大膽地制服她。

二十六、諫議將義大利從蠻族人手中解救出來

考慮到上面所討論的一切，我們可以來思索一下：義大利的現狀能否出現一位眾望所歸的新君主，能否使一位精明強幹的統治者得到機會，循名以責實，給自己帶來榮耀，給人民帶來普遍幸福。我認爲，對一位新君主來說，現在已是萬事俱備，我不知道這樣一位君主什麼時候採取行動比現在更合適。我已說過，爲了展示摩西的能力，就需要以色列人民在埃及受奴役；爲了表現居魯士的偉大氣概，波斯人就不得不受米堤亞人的壓迫；爲了彰揚忒修斯的卓爾不凡，雅典人只好顛沛流離。如今，爲了使一位義大利英傑能夠表現他的能力，義大利就必須淪落到目前這種境地——比希伯來人更受奴役、比波斯人更受壓迫、比雅典人更顛沛流離；既沒有首領，也談不上秩序，屢受打擊，任人劫掠，分崩離析，慘遭蹂躪，備嘗國破家亡之苦。

雖然迄今爲止已有某些義大利人顯示了各種跡象，使我們認爲他們是奉上帝之命來拯救義大利的，但後來我們看到，當他們的事業如日中天的時候，命運卻否定了他們。因此，它看上去仍然了無生氣，只是坐待什麼人來醫治它的創傷，來結束對倫巴底的蹂躪和掠奪，結束對那不勒斯王國和托斯卡納的搶劫與勒索，

消除那些長期以來不斷惡化的潰瘍。

它正在祈求上帝派人把它從殘酷無情、傲慢自大的蠻族人手中解救出來；它已經準備好了，只要有人舉起旗幟，它將心甘情願地追隨這面旗幟。現在，除了在您光榮的家族中，它再也找不到什麼人能夠寄予更大的希望了。您的家族憑著自己的命運和能力獲得了上帝和教廷的寵愛，現在又是教廷的首腦，因此能夠成爲拯救義大利的領袖。

這沒有什麼太大的困難——如果您了解前述那些人物的生平事蹟的話。儘管那些人物都是少見的奇才，但他們也是人，而且他們每個人所擁有過的機會都比現在微弱得多，因爲他們的事業並不比這項事業更富正義、更加順暢；並且，上帝給予他們的善意並不比給您的更多。這裡有著偉大的正義，對於被迫進行戰爭的人們來說，戰爭是正義的；如果不拿起武器就毫無希望，武器就是神聖的。現在，您的機會可謂超乎異常；而有了這樣偉大的良機，只要您的家族能夠採用我已經提供給您作爲目標的那些人所採用的方法，那就不會碰到巨大的困難。

而且，我們已經看到了上帝爲您指引方向的空前奇蹟：海水分開了，雲朵在爲您領路，磐石湧出了泉水，嗎哪[55]從天而降，萬事萬物都爲您的偉大而聯合起來。剩下的事情您必須自己去做。上帝並不包攬一切，以免褫奪我們的自由意志和屬於我們的那份榮耀。

如果說上述那些義大利人沒有一個能夠完成我們希望由您的卓越家族來從事的事業，如果說義大利的軍事力量看上去常常在頻繁的動盪和戰亂中喪失殆盡，那也不值得大驚小怪，因爲它的舊制度不佳，而且沒有一個人具有足夠的智慧去創立新制度；一個新生的當權者要想獲得非凡的榮耀，莫過於創立新的法律和新的制度，如果它們具有良好的基礎，本身又不同凡響，那就能讓一位新生的統治者贏得敬畏。義大利並不缺乏內容，就看給它加以什麼形式；只要頭腦不愚笨，羽翼自會強健有力。看看吧！在決鬥中，在人數寥寥的格鬥中，義大利人的力量、技巧和智慧是多麼地優異不凡，可一旦投軍從戎，他們卻毫無出息。這都是首腦貧弱的後果，這些首腦雖然英明，但卻無人服從，因爲人人都自視英明。迄今爲止，沒有一個人由於能力和命運而出人頭地、令人折服。因此，過去二十

[55]《聖經．舊約》所說古以色列人出埃及時在荒野上所得到的天賜食物。

年的漫長歲月，在頻繁的戰事中，每當一支清一色義大利人的軍隊經受考驗時，便總是敗兵折將。關於這一點，首要的證據就是塔羅之役，另外還有亞歷山德里亞、卡普阿、熱那亞、維拉、波隆納和梅斯特里諸戰役。

因此，如果您光榮的家族決心效法我已談到的那些拯救了自己國家的傑出人物，那麼首要之務就是組建一支自己的軍隊，這是任何一項事業的眞實基礎，因爲沒有比他們更忠實、更眞誠、更優秀的士兵了。假如他們個個都很出色，那麼如果他們看到是他們自己的君主在統率，是他們自己的君主給予了他們榮譽和給養，他們就會團結一致，變得更加出色。因此，爲了使義大利能夠抵禦外敵，籌建這支軍隊是必不可少的。

儘管瑞士和西班牙步兵令人膽寒，但他們也各有缺陷。因此，第三種類型的軍隊不僅能夠和他們抗衡，而且有把握戰勝他們，因爲西班牙人頂不住騎兵，瑞士人遭遇和他們同樣頑強作戰的步兵時，也不能不膽戰心驚。經驗不但已經並將繼續顯示，西班牙人對付不了法國騎兵，瑞士人則是西班牙步兵的手下敗將。雖然後面這件事尚未得到完全證實，但拉韋納之戰已經提供了證據：在那裡，與西班牙步兵交戰的德國軍隊，採用了與瑞士人相同的戰鬥隊形；西班牙人身體敏捷，借助圓盾的掩護鑽到長矛陣下面，從而能夠安全地攻擊德軍，使之無法招架；如果西班牙人不是受到騎兵的襲擊，他們也許能夠全殲德國人。

既然認識到這兩種類型步兵的缺陷，君主就可以組建一支新型的軍隊，它既能抗擊騎兵，又無須害怕步兵。這將取決於武器的性能和戰術的調整。這些事情也會像新制度一樣給一位新生的君主帶來聲望和尊貴。

因此，爲了使義大利經過漫長的歲月之後終於能夠看到它的拯救者來到眼前，千萬不應錯過這一良機。我無法表達蒙受外國蹂躪的一切地方將以何等的愛戴、何等的復仇欲望、何等的赤誠、何等的感激涕零來迎接它！有誰會把它拒之門外？什麼人還會拒絕服從？誰還會把它視爲嫉妒的目標？什麼樣的義大利人還會拒絕效忠？人人都對蠻族的暴政深惡痛絕。因此，懇請您光榮的家族，以人們從事正義事業所具有的那種精神和希望，擔當起這項重任，使我們的祖國在它的旗幟下發揚光大；而且，在它的指引下，我們將會看到，彼特拉克㊵的詩句是多麼眞實可信：

㊵ 彼特拉克（一三〇四—一三七四），義大利詩人，堅定的愛國者。

不要畏懼野蠻的暴政，
拿起武器，
戰鬥將很快結束，
因爲祖先的勇氣，
在我們義大利人心中，
並未消亡。

尼科洛．馬基維利　年表（Niccolò Machiavelli, 1469-1527）

年代	記事
一四六九	生於義大利佛羅倫斯，受過相當完整的拉丁文和義大利文教育。
一四九八	出任佛羅倫斯共和國第二國務廳的長官，兼任共和國自由和平十人委員會祕書。有感於佛羅倫斯的僱傭軍軍紀鬆弛，極力主張建立本國的國民軍。
一五〇五	佛羅倫斯通過建立國民軍的立法，成立國民軍九人指揮委員會，馬基雅維利擔任委員會祕書。
一五〇六	建立一支小型民兵部隊，在征服比薩的戰爭中，親自率領軍隊作戰，最終於一五〇九年迫使比薩投降佛羅倫斯。
一五一二	前往比薩時，經過一連串複雜的戰役和外交角力後，麥第奇家族在儒略二世的軍隊支援下攻陷了佛羅倫斯，共和國隨之瓦解，馬基維利被解除職務。
一五一三	以密謀叛變為罪名遭收入監獄，受到刑求拷打，但最終被釋放。自此隱居於聖安德里亞（Sant'Andrea），開始進行寫作。 出版《君主論》（*The Prince*），是馬基維利最知名的著作。
一五二三	主教朱理．麥第奇統治佛羅倫斯，重新重用馬基維利，請他編寫《佛羅倫斯史》（*Istorie fiorentine*）。
一五二五	完成《佛羅倫斯史》（*Istorie fiorentine*）。
一五二七	佛羅倫斯恢復共和，馬基維利想繼續為佛羅倫斯共和國效力，但因為他曾效力於麥第奇家族，不被共和國任用，最終鬱抑成疾，五十八歲即離世。

經典名著文庫 135

君主論

The Prince

作　　者 —— （義）尼科洛・馬基維利 Niccolò Machiavelli
譯　　者 —— 閻克文
發 行 人 —— 楊榮川
總 經 理 —— 楊士清
總 編 輯 —— 楊秀麗
文庫策劃 —— 楊榮川
副總編輯 —— 蘇美嬌
特約編輯 —— 張碧娟
封面設計 —— 姚孝慈
著者繪像 —— 莊河源
出 版 者 —— **五南圖書出版股份有限公司**
地　　址 —— 臺北市大安區 106 和平東路二段 339 號 4 樓
電　　話 —— 02-27055066（代表號）
傳　　眞 —— 02-27066100
劃撥帳號 —— 01068953
戶　　名 —— 五南圖書出版股份有限公司
網　　址 —— https://www.wunan.com.tw
電子郵件 —— wunan@wunan.com.tw
法律顧問 —— 林勝安律師
出版日期 —— 2021 年 3 月初版一刷
2024 年 3 月初版三刷
定　　價 —— 220 元

國家圖書館出版品預行編目資料

君主論 / 尼科洛・馬基維利著；閻克文譯 . -- 初版 . -- 臺北市：五南圖書出版股份有限公司，2021.03
面；　公分 . 一（經典名著文庫　135）
譯自：The prince.
ISBN 978-986-522-403-5（平裝）

1. 馬基維利（Niccolò Machiavelli, 1469-1527）
2. 政治思想　3. 君主政治

571.4　　109020928